COUVERTURE SUPERIEURE ET INFERIEURE
EN COULEUR

VŒU NATIONAL DE LA FRANCE

L'ÉGLISE DU SACRÉ-CŒUR

A MONTMARTRE

Sera-t-elle de notre style
NATIONAL
ou sera-t-elle d'un style
ÉTRANGER?

> « Que l'édifice sacré, par sa majesté, reproduise de quelque manière la grandeur de l'événement, réponde à l'abondante miséricorde du Ciel, et soit digne de la reconnaissance de votre patrie. »
>
> PIE IX.

PAR UN COMITÉ D'ARCHÉOLOGUES

PARIS

J. FÉCHOZ, LIBRAIRE-ÉDITEUR

5, RUE DES SAINTS-PÈRES, 5.

1875

RÉFLEXIONS PRÉLIMINAIRES

Le Vœu national, pour l'érection d'une église au Sacré-Cœur, est une de ces grandes idées qui ont eu pour résultat de doter notre pays de magnifiques monuments pendant le moyen âge. Les nombreux souscripteurs ont toujours désiré l'édification d'une église monumentale, dans notre style national et religieux par excellence ; mais il s'est rencontré des gens intéressés qui ont voulu en faire une question d'école, et faire croire que le style gothique ou ogival coûtait plus que les styles tirés des monuments étrangers et païens.

Le style ogival, qui présente divers types, simples ou richement décorés, pour chacun de quatre siècles où il a été le plus en honneur, se prête admirablement pour tous les genres de construction, depuis la modeste église de village jusqu'à la grande basilique.

La construction de l'église de Saint-Jean-Baptiste, de Belleville, que nous devons à M. Lassus, n'a guère dépassé deux millions de francs. C'est une charmante église du commencement du xiiie siècle.

L'église de Sainte-Clotilde, grande église dans le style simple du xive siècle, n'a coûté que sept millions, malgré les tâtonnements et les modifications qui eurent lieu pour reproduire une de ces premières églises ogivales. Quelle différence pour l'élégance et la majesté, quand on compare cette église avec celle de Saint-Vincent-de-Paul, église du style classique, qui a absorbé près de huit millions !

Que ne pourrait-on pas dire sur les belles proportions du plan, des arcades et des baies de l'église de Saint-Bernard, de la Chapelle? Ce qui étonne le plus, c'est de voir qu'avec quinze cents mille francs, MM. Magne et Merle, architectes de cette jolie église, ont produit un des plus beaux types du xve siècle, alors que ce style est ordinairemens chargé de nombreuses décorations très-dispendieuses.

Malgré l'augmentation assez notable des prix, M. Merle, qui comprend si bien notre style chrétien et dirige ses travaux avec tant de zèle, se chargerait de reproduire l'église de Saint-Jean-Baptiste, de Belleville, et celle de Saint-Bernard, en ajoutant simplement aux devis primitifs de ces deux églises, la différence en plus pour les matériaux et la main-d'œuvre.

Cette brochure, destinée à éclairer la question, devenue si complexe, de l'église du Sacré-Cœur et à favoriser notre style national, contient quelques écrits qui ont déjà été publiés par divers journaux religieux des départements; ensuite vient (à la p. 26) un remarquable travail inédit, divisé en six chapitres, par M. l'abbé Carle, directeur de la *Semaine religieuse* de Nîmes.

Puisque cette brochure va être répandue dans tous les diocèses de France, les personnes généreuses qui voudront faire construire des églises ogivales, pourront extraire, dans cet opuscule, les réponses à faire aux partisans des styles païens.

ÉGLISE

DU

SACRÉ-CŒUR

Principaux articles et extraits d'auteurs publiés dans divers journaux.

La *Décentralisation* de Lyon, du 8 décembre 1873, contenait ce qui suit :

L'ÉGLISE DU VŒU NATIONAL AU SACRÉ-CŒUR

Aujourd'hui, 8 décembre, une des plus grandes fêtes de la patronne de la France et de Lyon, dix-neuvième anniversaire de la définition par Pie IX du dogme de l'Immaculée Conception, la *Décentralisation* ouvre une souscription pour l'église du Vœu national au Sacré-Cœur, dont l'Assemblée a autorisé l'érection à Montmartre.

Nous avions eu d'abord la pensée d'attendre des jours plus heureux ; mais nous avons réfléchi que, si Dieu sauve les peuples, il s'est réservé le droit de choisir l'heure de salut ; nous disposons à peine, nous, de l'heure présente ; nous n'avons que l'heure présente pour faire le bien ; nous devons nous hâter de remplir l'heure présente par des actes de confiance ; il est digne de vrais catholiques de tirer traite sur la Providence.

Un éminent publiciste le disait, il y a quelques jours: pour la première fois, nous avons une Assemblée française qui prie officiellement, et depuis une ou deux années la France a plus prié qu'elle ne l'avait fait en trois quarts de siècle. Il est impossible qu'une telle semence ne fructifie pas. La route reste encore pleine d'obscurités, et nous ne voyons pas où nous mène la main divine ; mais nous devons d'autant plus chercher le secours surnaturel que les appuis humains semblent manquer plus complétement à notre malheureuse patrie.

La grande entreprise de l'église monumentale du Sacré-Cœur est la continuation et en quelque sorte la péroraison des supplications nationales. L'impulsion est donnée, la souscription est ouverte dans un grand nombre de diocèses, et les fonds se recueillent avec une abondance qui est du plus favorable augure. Pouvions-nous hésiter plus longtemps à prendre part, dans la mesure de notre influence, à cette œuvre de patriotisme ? Nous savons qu'on nous fera des objections ; mais nous savons aussi que toujours et partout on rencontre des objections, — ce qui ne dispense point d'agir. En tout cas, n'est-il pas plus utile et plus convenable de tourner les esprits et les cœurs vers cette entreprise, que de nous livrer aux polémiques irritantes qui ont envahi une partie de la presse conservatrice, ou de prêter l'oreille aux injures qu'on nous lance ?

Quelques-uns de nos lecteurs se rappellent peut-être que nous les avons, il y a trois ou quatre mois, longuement et complaisamment entretenus de l'église de Montmartre ; nous caressions depuis des années, leur disions-nous, le rêve de voir sur la colline arrosée du sang des premiers martyrs, et au milieu du Paris païen, se dresser un temple digne de la France régénérée et très-chrétienne, un temple portant aux nues la reconnaissance de l'Europe réconciliée, un temple assez grand, assez beau pour éclipser toutes les magnificences de l'architecture ancienne et moderne. Depuis, nous avons voulu nous informer des intentions de ceux qui sont à la tête de l'œuvre ; sera-t-elle, avons-nous demandé, la réalisation de nos espérances, remplira-t-elle vraiment les désirs de la France catholique ?

Une lettre de l'archevêché de Paris, que nous ne citerons pas en entier parce qu'elle contient des passages trop bienveillants pour la *Décentralisation,* nous donne ces assurances : « Le monument, dites-le bien, sera digne de la France. Ses dimensions, commandées, il est vrai, par la nature et l'étendue même du terrain, seront *aussi grandes que possible.* Quant à la beauté et à l'ornementation, rien ne sera négligé pour faire de cette église TOUT CE QU'IL Y A DE PLUS BEAU ; c'est le désir et la volonté de tous ici.

« Un plan d'ensemble sera préparé et mis au concours. Une partie sera d'abord faite, afin d'y établir sans retard le service religieux et que des prières y soient adressées pour l'Eglise, pour la France et pour tous les bienfaiteurs ; le reste s'achèvera à mesure que les ressources arriveront, et ces ressources, tout le monde ici s'y attend, viendront abondantes de votre chère ville de Lyon, qui est la ville par excellence des œuvres catholiques. »

La ville de Lyon répondra à l'attente des catholiques français et entendra notre appel. Mais nous ne nous adressons point seulement à nos compatriotes lyonnais ; la *Décentralisation*, qui a des lecteurs dans tous les départements et dans les pays étrangers, croit pouvoir compter sur leur concours. Nous avons, ces jours derniers, informé de notre intention un très-petit nombre de nos abonnés, et la première liste de souscriptions que nous publions ci-après atteste l'empressement avec lequel nous serons secondés.

Nous croyons même que la souscription ne peut pas rester circonscrite aux frontières françaises. Le Vœu au Sacré-Cœur n'est pas exclusivement national, car dans la pensée des catholiques français le salut de la France est le moyen naturel et nécessaire pour faire triompher toutes les causes justes qui souffrent persécution dans le monde, à commencer par celle de la Papauté. Quiconque, au nord ou au midi, en Allemagne comme en Italie, porte un cœur catholique, ne peut plus demeurer indifférent au sort de la France. L'avenir de l'Europe chrétienne et civilisée dépend de l'avenir de la France.

La souscription n'est pas faite seulement pour les grands et les riches ; les humbles et les pauvres peuvent et doivent y prendre part, chacun selon ses moyens. Ce n'est point une question d'amour-propre et d'ostentation, mais une question de religion et de patriotisme.

Celui qui ne peut fournir un bloc de marbre apportera un grain de sable. Les plus vastes monuments sont formés d'un certain nombre de grains de poussière. Nul ne doit éprouver une fausse honte et hésiter à offrir une simple obole. Là où l'on n'oserait pas envoyer une souscription isolée, trop modeste, on peut s'unir à d'autres ; rien n'empêche dans une école, dans un atelier, dans un village, de grouper les souscriptions et d'additionner les centimes individuels pour réaliser un chiffre collectif. Nous recevrons avec un sincère respect les souscriptions, anonymes ou signées, les plus minimes, fussent-elles même de CINQ CENTIMES.

L'église du Sacré-Cœur sera telle, qu'on viendra la visiter de l'extrême Orient, et que les générations futures diront : « C'est vraiment ici la demeure du Dieu vivant, la plus auguste demeure que les hommes aient pu construire pour Celui qui a voulu s'incarner et résider dans l'humanité. » Nos arrière-petits-enfants sauront que Dieu essuya les larmes de leurs ancêtres, qu'il releva le peuple français redevenu son peuple. En souscrivant, chacun de nous peut se persuader qu'il travaille à sa propre maison, et que plus grande, plus splendide nous ferons la maison de Dieu, plus solide, plus éclatante sera la nouvelle fortune de la France.

CHARLES GARNIER.

Cet article est suivi d'une première liste de souscription s'élevant à 10,765 francs.

Comment se fait-il que les souscriptions ainsi ouvertes sous les plus heureux auspices, dès l'année 1873, soient descendues au chiffre si bas où nous les voyons aujourd'hui, surtout à Paris ? La suite de ce travail en expliquera les causes.

⁓⁓⁓⁓⁓⁓

La *Décentralisation* du 27 mai 1875, publiait l'extrait suivant :

A Monsieur Rohault de Fleury, secrétaire du comité de l'Œuvre du Vœu national au Sacré-Cœur.

Monsieur,

Les premiers coups de pioche ont été donnés, dit-on, aux fondations de l'église du Vœu national au Sacré-Cœur ; n'est-il point trop tard pour formuler des objections ? Nous avons eu l'honneur d'échanger avec vous deux lettres qui n'étaient point destinées à la publicité au sujet du plan adopté par la commission. Vos réponses à nos critiques, ne nous ont point convaincus, et nous soupçonnons même que vous n'admirez pas plus que nous le travail de M. Abadie. Mais, jusqu'à présent, nous avons hésité à dire tout haut ce que chacun dit tout bas ; est-il encore temps de parler, et ne nous saura-t-on point mauvais gré de notre franchise ?

Avez-vous, monsieur, entendu exprimer quelque enthousiasme sur le projet primé au concours ? Il ne s'est pas rencontré, à notre connaissance, un seul journal qui ait osé en faire l'éloge ; le *Bulle-*

tin même de l'Œuvre a gardé une réserve significative. Pour nous, quand les publications illustrées nous ont apporté une vue de ce projet, nous avons éprouvé un des plus amers désenchantements de notre vie. Nous espérions qu'on élèverait un temple qui ferait date comme celui de Salomon, et qui serait compté parmi les merveilles du monde; on nous avait promis que ce serait « tout ce qu'il y a de plus beau. » Et que nous présentait-on? Une copie de l'église Saint-Augustin, revue et corrigée par un pastiche de la Trinité, un monument style Haussmann, méritant de figurer dans l'énumération des innombrables bâtisses d'une époque qui n'a pas vu se dresser un pan de mur que le goût et l'art puissent avouer.

Un laps de temps aussi bref que celui qui avait été accordé pour le concours ne pouvait produire qu'une œuvre de cette sorte, œuvre banale et sans caractère. Si l'on voulait se hâter, il fallait se réserver le droit de rejeter tous les projets et d'en appeler à un second concours. Une année n'eût pas été de trop pour un homme de génie, qui se serait passionné pour l'entreprise, et qui aurait combiné ce que l'architecture religieuse a créé de plus grandiose ou de plus pur en Espagne, en Italie, en Allemagne et même en Orient. Et sans sortir de France, nous possédons un certain nombre de cathédrales gothiques qui touchent à la perfection par quelques-unes de leurs parties. On vante à juste titre le portail de Reims, le chœur de Beauvais, la galerie des Rois de Notre-Dame de Paris, les nefs de Bourges et d'Amiens, les flèches de Strasbourg, de Saint-Denis, de la Sainte-Chapelle, de Dijon, etc. Notre-Dame de Chartres serait bien placée dans un écrin. Rouen, Tours, Bayeux et beaucoup d'autres villes françaises montrent avec fierté les grands poëmes de pierre légués par nos aïeux et échappés à la dévastation révolutionnaire. Un architecte épris de son sujet, et entrant bien dans la pensée de la France chrétienne, eût butiné parmi tous ces chefs-d'œuvre ; en collectionnant leurs perfections, il eût dessiné les lignes d'un temple vraiment digne de Dieu, digne d'un peuple qui attend son salut du Cœur miséricordieux du Christ, et qui, proportionnant l'étendue de sa reconnaissance à l'immensité d'un bienfait exceptionnel, veut éterniser l'histoire de sa résurrection.

De quelle hauteur on a fait retomber nos rêves !

Ou la France doit être sauvée, ou elle ne le sera pas. Dans la seconde hypothèse, le Vœu national serait sans objet; dans la première, il faut que le souvenir du bienfait providentiel soit égal au bienfait lui-même. Les médiocrités, les mesquineries sont ici un non-sens. On ne comprendrait pas qu'une nation qui tenait le premier rang dans le monde et qui espère le reconquérir par la grâce de Dieu, qu'une nation qui, dans un péril extraordinaire, s'est solennellement vouée au Sacré-Cœur et a promis un gage matériel de cette mémorable consécration, ne réussit qu'à ériger une église de deuxième ou de troisième ordre, coûtant une somme minime, et qui sera éclipsée par une multitude d'autres monuments religieux et civils. Il y a des centaines d'églises en France plus grandes, plus magnifiques, d'un caractère plus religieux, d'un goût plus pur que celle projetée à Montmartre. Des villes réduites à leurs seules ressources auront fait, en des âges dits barbares, et en tout cas moins riches que le nôtre, ce que ne pourrait pas faire toute la France catholique du xix° siècle ? Toute la France, aurait été mise à contribution pour sept millions ? Toute la France en se cotisant, aboutirait à doter Paris d'une église qui n'y tiendrait même qu'un rang modeste après Notre-Dame, la Sainte-Chapelle et plusieurs autres ? Lyon donne et donnera sans bruit des millions pour reconstruire à Notre-Dame de Fourvière son sanctuaire, et Lyon ne sollicite pas la générosité de toute la France ; et les souscriptions recueillies sur tous les points du territoire ne produiraient pas un autre résultat ?

On vient récemment d'inaugurer dans le Paris païen un scandaleux Opéra qui coûte 100 millions ; le jour de son ouverture, de vrais chrétiens effrayés s'écriaient : « La courtisane est prête, les Barbares peuvent venir ! » Quelle figure fera, en face de cet Opéra, la pauvre église de Montmartre ? Si cet Opéra pouvait prendre une voix, il crierait du boulevard à l'église de Montmartre : « Tu te hisses bien haut pour être si petite ! Tu prétends loger le Dieu vivant du ciel et de la terre, vois comme mes bayadères sont autrement logées ! Monument religieux de sept millions, tu me fais à moi, monument de cent millions, consacré au plaisir, tu me fais pitié !... »

Nous vous prions d'agréer, monsieur, etc.

CHARLES GARNIER.

La *Décentralisation* du 14 juin 1875, contenait le travail suivant :

L'ÉGLISE DU VŒU NATIONAL AU SACRÉ-CŒUR

La cérémonie de la pose d'une première pierre qui s'accomplira, le 16 juin, à Montmartre, sans appareil, avec le caractère d'une réunion privée, ne sera guère qu'une prise de possession du sol. Il n'y a eu jusqu'ici que des travaux de terrassement, et heureusement il est encore permis d'espérer que le projet Abadie sera abandonné, pour un autre plan plus digne d'une telle œuvre.

Nous croyons savoir que Son Éminence le cardinal-archevêque de Paris reçoit constamment des protestations contre ce qu'on appelle justement la *Mosquée Abadie*. Les critiques que nous nous sommes décidés à faire publiquement dans notre numéro du 27 mai, non sans avoir beaucoup réfléchi et longtemps hésité, étaient faites tout bas et très-vivement par les personnes qui ont à cœur l'entreprise destinée à immortaliser le souvenir du salut de la France, attendu encore à cette heure de la miséricorde divine.

Des lettres de Paris nous prouvent que nous avons été compris, et nous permettent de supposer que l'autorité supérieure ecclésiastique ne serait point opposée à l'idée d'un ajournement d'une année, afin de nommer une nouvelle commission artistique, si cela était demandé par plusieurs évêques.

Une de ces lettres nous dit :

« Plusieurs curés de Paris ont vu des membres du comité pour
« se plaindre de ce que l'on allait contre les intentions de la plu-
« part des donateurs qui désirent une église monumentale. Ces
« messieurs, pris individuellement, paraissent de cet avis, mais
« n'osent pas lutter contre la fameuse École des Beaux-Arts. Un
« prêtre très-influent a envoyé un des numéros de la *Décentralisa-
« tion* à l'un des secrétaires du comité, avec ces mots significatifs :
« *Commencement de la croisade contre la mosquée Abadie*..... La
« réunion du comité de la semaine dernière a été des plus ora-
« geuses, car chacun veut se décharger de la responsabilité de la
« nomination de cette commission artistique qui a fait tout le mal
« avec son malheureux concours..... »

Avons-nous besoin de dire que le comité était entièrement composé d'éminents chrétiens? Quand on peut citer MM. Cornudet, de

Ségur, de Charette, etc., etc., quand chacun des noms qui le composent est une garantie d'orthodoxie religieuse et de zèle catholique, il n'est pas permis de mettre en doute les intentions d'un tel comité. Mais il commit une faute : il fut trop modeste ; il ne se fia pas à son propre goût, et il se laissa envahir par des éléments moins religieux, en composant une commission artistique qui devait ouvrir un concours et en juger les résultats. Si cette commission spéciale avait été bien choisie, tout serait allé à merveille, et notre attente à tous eût été comblée par l'adoption d'un projet vraiment grandiose. Mais sur douze membres de la commission, huit furent empruntés à l'École des Beaux-Arts et à celle des ponts et chaussées, c'est-à-dire à deux corps ennemis de l'architecture essentiellement nationale, du style gothique, qui ne veulent entendre parler que des styles des Grecs, des Romains et des Musulmans, et qui, depuis quarante ans, ont lutté contre la rénovation de l'art ogival en France.

Là fut l'erreur, erreur capitale, dont les conséquences s'accusent maintenant, et que l'on voudrait voir réparer, quand il en est temps encore.

Nous l'avons déjà fait remarquer : les conditions du concours tracées par la commission artistique étaient fâcheuses : le laps de temps accordé était très-insuffisant, et il était presque impossible d'obtenir une œuvre proportionnée au but, une œuvre de génie. Il y avait d'autres conditions regrettables, notamment : l'obligation de signer les plans pour les exposer à l'École des Beaux-Arts, ce qui devait éloigner les archéologues et architectes de l'école gothique ; la combinaison de 87 mètres seulement de longueur sur 50 de largeur à donner à l'église de Montmartre, ce qui forçait presque à faire une église d'architecture classique, c'est-à-dire païenne ; l'obligation de placer l'église au nord, malgré l'usage général qui les tourne au levant.

Dans ces conditions, les concurrents ne pouvaient produire que des monceaux de pierres ; ou, s'ils défiaient les conditions du concours, ils s'exposaient à se briser contre les préjugés de l'École des ponts et chaussées et celle des Beaux-Arts. C'est ce qui advint. Voici en quels termes indignés et un peu vifs un de nos lecteurs de Paris nous rappelle, dans une lettre, les faits relatifs à ce concours, d'où est sortie la mosquée Abadie, suivant l'expression de quelques officiers, qui ont vu jadis Constantinople et la Crimée, et qui en ont retrouvé la réminiscence à l'exposition des projets.

« En nommant huit membres sur douze appartenant à l'École des Beaux-Arts ou à celle des Ponts-et-Chaussées, le comité de l'Œuvre du Sacré-Cœur avait tenu à l'écart les membres du clergé et les religieux qui se sont occupés spécialement d'archéologie, ce qui a empêché bien des archéologues et des architectes chrétiens de concourir. Aussi, quand cette commission s'est réunie au mois de juillet 1874, pour juger le concours des projets exposés, la discussion a-t-elle été des plus vives et les opérations du scrutin des plus longues.

« Le système des grosses masses et des dômes l'a emporté, et les plans des églises avec flèches, qui symbolisent si bien la prière s'élevant vers le ciel, ont été mis de côté pour les récompenses.

« Projets primés :

« 1° M. Abadie. Église byzantine ou mosquée, avec cinq dômes ou coupoles. Une tour derrière, terminée par une ruche comme celles des abeilles, et produisant l'effet d'un minaret. Deux tours de scrutin avant d'avoir une majorité.

« 2° MM. Davioud et Lamaire. Dôme central avec quatre coupoles écrasées aux angles. Six tours de scrutin.

« 3° M. Cazaux. Dôme à peu près comme celui de Saint-Augustin, mais bien plus lourd.

« 4° MM. Douillard frères. Gros dôme unique, avec deux petites tours à la façade. Trois tours de scrutin.

« 5° MM. Bernard et Tournade. Même système que le n° 4.

« 6° M. Coisel. Même système de dôme que les deux précédents, ce qui a fait dire à bien des personnes que ces projets ne présentaient que des monceaux de pierres, dont les propriétaires de carrières devaient bénéficier avant tout.

« Le dernier dimanche de l'exposition, bien des anciens militaires qui ont été en Crimée disaient en voyant ces projets d'églises : Nous prend-on maintenant pour des Turcs ou des Russes ? En effet, c'est le style musulman et russe, que ces militaires reconnaissaient dans ces projets, et ils donnaient le nom de mosquée à la plupart de ces plans d'églises.

« 7° M. Moyaux. Moyen dôme sur le chœur et une grosse tour élevée sur la nef portant la tiare du Saint-Père. On se demandait pourquoi ce beau projet, puisque la majorité de la commission voulait des dômes, n'était pas classé le premier ?

« 8° M. Roux. Dôme unique avec deux petites tours à la façade, terminées par des coupoles bulbeuses dans le style russe, au lieu de flèches.

« 9° MM. Raulin et Dillon. Grand dôme à base carrée surmonté par un tronc de pyramide carrée portant la statue du Sacré-Cœur.

On se demandait aussi comment ce projet à grand effet n'avait été classé que le neuvième, après trois tours de scrutin ?

« 10° M. Pascal. Gros dôme unique de la plus grande lourdeur. Trois tours de scrutin.

« Un certain nombre d'autres plans, avec la mention *Projets remarqués par le jury*, sont restés exposés jusqu'au 2 août. Parmi ces projets se trouvait celui de MM. Phipps et Phené Spiers, architectes anglais, reproduisant quelque chose de fort beau de Saint-Pierre de Rome ; mais les panthéistes de la commission n'avaient pas cru devoir classer ce beau projet dans les dix premiers numéros, qui devaient avoir une prime.

« Quant aux magnifiques projets d'architecture gothique ou ogivale, parmi lesquels on remarquait : 1° celui de M. Normand, de Hesdin ; 2° celui de M. Sandier ; 3° celui de M. Mizard, etc., etc., *ils avaient tous été enlevés avant la clôture de l'exposition*, à cause des sympathies générales qui leur étaient acquises. Il faut être de la force des incrédules de l'École des Beaux-Arts pour se moquer ainsi de notre architecture nationale, la plus religieuse de toutes les architectures.

« Ainsi, il résulte de ce fameux concours une perte d'argent assez notable, et une croisade entreprise contre notre style religieux par excellence, et nos traditions historiques, si chères à tous les archéologues. Pendant les jours de cette exposition et depuis cette époque, on a dit bien des choses qui entravent la souscription publique, et plusieurs écrits énergiques eussent déjà été lancés dans le public, si les archéologues catholiques ne conservaient pas encore l'espoir de voir agir Son Éminence Mgr le cardinal-archevêque de Paris, ainsi que le fit autrefois Mgr Fournier, évêque de Nantes, pour l'église Saint-Nicolas.

« Quoique les expropriations soient terminées, on peut encore placer une église ogivale en la tournant au levant, et les constructions accessoires seraient alors vers le nord. Puisqu'il n'y aura pas de travaux importants cette année, une nouvelle commission peut donc bien être nommée pour examiner à nouveau cette importante affaire. »

Nous n'avons pas vu les plans qui n'ont obtenu aucune mention au concours, et nous ignorons si les choses se sont passées exactement comme le rapporte notre honorable correspondant ; mais sans blesser en rien aucun des juges, il est bien permis de supposer que les préjugés de la majorité de la commission artistique ont influé, à leur insu même, sur la décision du jury ; et que c'est surtout une victoire sur le style gothique que les deux écoles ont remportée.

Ce qui est bien certain, c'est que le projet Abadie et les autres plans primés ont été accueillis par le public comme une amère déception. Nous ne connaissons pas un archéologue, pas un journal catholique qui aient osé en faire l'éloge. Le comité a dû éprouver le même mécompte ; mais il se l'était ménagé à lui-même par le choix de la commission, et il n'osa point, paraît-il, déclarer qu'aucun des projets ne répondait à ses vues.

On nous a communiqué dernièrement une esquisse qui, adressée d'abord à Son Éminence le cardinal-archevêque, fut remise à la commission artistique, mais ne trouva pas grâce aux yeux de ses membres. Elle contenait cependant quelques idées que l'on aurait pu consulter, lors même qu'on ne les aurait pas toutes acceptées. Un archéologue de Paris, qui a passé trente ans à étudier les plus remarquables monuments de France et de l'étranger, M. Julien, avait soumis à l'Éminentissime promoteur de l'œuvre du Vœu national, avant le concours, les observations suivantes que nos lecteurs apprécieront :

« Quand on se place sur la butte de Montmartre pour contempler l'ensemble de Paris, on voit que les églises de Belleville, de Saint-Ambroise, de Saint-Leu, et même celle de Sainte-Clotilde ne présentent plus le bel effet qu'elles produisent à peu de distance, et leurs doubles tours avec leurs flèches ne paraissent que comme des poteaux isolés. Il n'en est pas de même pour les églises de Notre-Dame et de Saint-Sulpice, dont les tours colossales se font très-bien remarquer à la plus grande distance.

« En raison de la position exceptionnelle de Montmartre, il y a un superbe modèle à suivre : c'est celui de la tour unique et grandiose de la métropole de Malines, laquelle prend la largeur de la grande nef et est élevée à une hauteur de quatre-vingt-dix-sept mètres, vingt-sept mètres en plus des tours de Notre-Dame de Paris. Le sous-sol n'étant pas très-solide à Malines, la flèche grandiose, projetée en belle pierre, fut ajournée indéfiniment ; mais telle qu'elle est, cette tour produit un effet admirable à plusieurs lieues à la ronde. Il en est à peu près de même pour la tour unique de la cathédrale de Bois-le-Duc, en Hollande.

« Un pareil projet, mais encore plus élancé, avait été dressé et commencé pour l'église de Sainte-Waudru à Mons, la plus belle de la Belgique, en raison de son élévation sur une butte ; mais les fonds ont manqué dans cette petite ville pour achever cette admirable tour, qui devait représenter le plus magnifique élancement symbolique de la prière vers le ciel, car elle devait être beaucoup plus élevée que la grande flèche de Strasbourg, malgré les cent quarante-deux mètres de hauteur de celle-ci.

« Il est certain qu'avec l'argent [des tours et de deux flèches ordinaires, on pourrait reproduire un de ces beaux modèles du moyen âge, manquant à Paris, et cependant indispensable pour l'église projetée à Montmartre.

« Il n'y a que l'architecture ogivale du xiiie siècle, avec son symbolisme religieux, qui puisse fournir un modèle convenable ; mais l'idée du Sacré-Cœur de Jésus, source inépuisable d'amour et de miséricorde, demande dans la silhouette de la construction quelque chose qui frappe les yeux, et rappelle à l'extérieur l'élancement vers le ciel, puis à l'intérieur l'expansion partant de l'autel du chœur de l'église et allant vers les chapelles rayonnantes, symbolisant ainsi les bienfaits qui sortent du Sacré-Cœur de Jésus pendant le saint sacrifice de la messe pour se répandre sur chacun de nous.

« Il existe un remarquable modèle de ce symbolisme, bon à consulter et qui peut très-bien être reproduit avec les ressources prévues pour cette église projetée. Quand la plupart de nos grandes basiliques furent terminées ou assez avancées, dans le cours du xiiie siècle, un artiste remarqua la disposition différenciée dans la hauteur des doubles latéraux de la cathédrale de Bourges, afin d'isoler les colonnes de la nef et du chœur et de donner ainsi un plus beau coup d'œil à l'ensemble. Cet artiste, profitant des grands progrès obtenus dans la construction de la cathédrale d'Amiens, qui était alors assez avancée, fit reconstruire le chœur de la cathédrale du Mans, dans les proportions suivantes : largeur, 12 mètres 60 d'axe en axe ; hauteur sous voûte du chancel et de la grande abside, 34 mètres, comme à Notre-Dame de Paris ; premier bas-côté, hauteur sous voûte, 21 mètres (disposition unique) ; deuxième bas-côté, hauteur sous voûte, 10 mètres 45, ce qui est environ la hauteur des doubles latéraux de la métropole de Paris. Les grosses maçonneries qui reposent sur les colonnes du chœur et de la nef de la basilique de Paris se trouvent reportées dans le chœur du Mans sur le deuxième bas-côté, avec les galeries du triforium, et les colonnes du chœur de cette cathédrale sont isolées, de façon que la vue plonge entre les premières arcades élancées, puis successivement en s'agrandissant dans chaque bas-côté et les chapelles rayonnantes, de la manière la plus agréable et la plus symbolique. Cette disposition fait paraître le chœur de la cathédrale du Mans beaucoup plus ample qu'il ne l'est réellement. Avec ses 12 mètres 60 seulement d'axe en axe, il semble être aussi large que ceux des basiliques de Paris et de Chartres, qui ont cependant chacun 10 mètres de largeur d'axe en axe.

« Depuis que Mgr Nanquette a fait démolir les deux autels de l'entrée du chœur de la cathédrale du Mans, tous les archéologues et les amateurs ne se lassent pas d'admirer cette disposition d'ensemble, plus facile à reproduire que beaucoup d'autres trop massives et très-dispendieuses. Ce beau genre de construction, d'une très-grande solidité, est cependant moins dispendieux que celui de la plupart de nos grandes cathédrales. En outre, il a l'avantage de présenter un triple rang de baies, convenablement étagées, pour recevoir des vitraux peints, ce qui permettrait d'avoir la plus belle collection de verrières représentant les grands faits de la vie de Notre-Seigneur Jésus-Christ.

« Une église complète dans ce style conviendrait très-bien pour le vocable du Sacré-Cœur, en y ajoutant de triples transepts comme aux basiliques d'Amiens et de Reims, ce qui n'a encore été fait à aucune église de Paris, pour multiplier les places et présenter un ensemble grandiose.

« A ce projet, on pourrait fort bien ajouter, au centre du transept, une de ces magnifiques coupoles du xiiie siècle, garnies de vitraux peints que l'on remarque aux cathédrales de Coutances et de Bayeux, pour compléter le symbolisme; ou mieux encore, la charmante coupole avec la flèche centrale garnies de vitraux teintés en pâle, qui furent construites, dans l'origine, au centre de la cathédrale de Beauvais, et que l'on éclairait le soir, au moyen de lampes intérieures, la veille des grandes fêtes.

« Sur le rond-point de la grande abside, on pourrait placer une haute statue du Sacré-Cœur de Jésus, et, en couronnant les contreforts avec de grandes statues de martyrs, on aurait un ensemble admirable. »

Pour les modèles à considérer, sinon à copier servilement, citons aussi l'incomparable cathédrale de Cologne, la plus vaste, la plus élevée, la plus complète des églises ogivales qui soient au monde, laquelle vient encore de recevoir récemment une cloche pesant près de 26,000 kilogrammes et coûtant 100,000 francs, sans les accessoires. A-t-on oublié la grande et durable manifestation qui s'est produite dans la province de Cologne pour l'achèvement de cette cathédrale? Et la France catholique, sauvée ou demandant son salut, n'oserait pas même tenter une entreprise comme celle de la cathédrale de Cologne? Et nous avons la prétention d'être un grand peuple, qui a de grandes conceptions, et qui fait grand?

Nous ne songeons, il faut le répéter, ni à proposer, ni à recommander un projet particulier ; mais nous demandons que l'œuvre ne soit pas en éclatante disproportion avec la pensée et le but de la consécration de la France au Sacré-Cœur. Ou l'église de Montmartre est sans objet, ou il convient qu'elle surpasse ce qu'il y a de plus beau au monde, pour être digne de Dieu et de la France. Et pour cela, une autre commission d'archéologues chrétiens doit être nommée.

Charles Garnier.

Le 30 juin dernier, la *Décentralisation* reproduisait l'extrait suivant, d'un journal religieux de Marseille :

L'ÉGLISE DU VŒU NATIONAL

Le *Citoyen* proteste comme nous contre la mosquée Abadie, et, comme nous, demande l'adoption d'un autre plan plus en rapport avec l'archéologie religieuse et les vœux de la France catholique. Voici en grande partie l'article du *Citoyen* :

« Un mouvement se produit, surtout en province, parmi les hommes religieux et compétents, pour demander qu'il soit sursis à toute exécution du projet jusqu'à ce que l'on ait eu le temps de recueillir et de transmettre au vénérable archevêque de Paris les critiques que soulève l'œuvre de M. Abadie.

« La presse de Lyon et de Nîmes, notamment la *Décentralisation*, la *Gazette de Nîmes* et la *Semaine religieuse*, se sont fait l'écho de ces critiques, et ont publié à ce sujet des articles qui ont attiré l'attention générale.

« Comme nos confrères, nous estimons que la création de cette église est une œuvre de foi et de patriotisme dont la splendeur et le style ne doivent pas pouvoir être discutés ; que dès lors on ne saurait apporter trop de circonspection dans le choix du plan définitif et que si, comme nous croyons en être sûrs, la liberté de la commission est encore entière, il y a lieu de surseoir et de remettre en délibération le choix du projet et surtout du style du monument.

« Ce projet, venant après la construction d'églises telles que la *Trinité et Saint-Augustin*, surtout, est une nouvelle démonstration de la déplorable influence que l'affaiblissement du sentiment religieux a exercée à Paris sur l'art chrétien. Décidément, nos architectes modernes peuvent, à la rigueur, comprendre et réaliser les exigences d'une salle d'Opéra; mais les mystérieuses grandeurs, les élévations sublimes d'une cathédrale leur échappent totalement.

« C'est le sentiment de tristesse qu'on éprouve en contemplant cet amoncellement de pierres, surmonté d'une coupole dont la forme étrange et malheureuse ne supporte pas l'examen, et flanquée d'un clocher, qui n'attire que trop l'attention par son ridicule couronnement.

« Ce monument sans caractère est surtout une œuvre où l'inspiration religieuse fait absolument défaut.

« La population catholique de Paris et la commission du monument ont d'autant plus d'intérêt à réagir contre les tendances matérialistes des artistes de la capitale, qu'il se produit en province, depuis quelques années, dans la construction des églises, un très-remarquable retour aux inspirations de l'art le plus pur.

« Nous aimons à espérer qu'il sera tenu compte des impressions des catholiques sur ce grave sujet, et qu'on donnera une nouvelle impulsion aux souscriptions, en adoptant définitivement un style et un projet plus conformes au sentiment catholique. — H. B. »

Le journal *la Croix*, de Bruxelles, du 27 août dernier, a publié l'article suivant :

L'ÉGLISE NATIONALE DU SACRÉ-CŒUR

A MONTMARTRE

M. Edouard Didron a consacré le feuilleton du *Monde*, du 30 juin dernier, à défendre l'église du Vœu national, nous voulons parler du plan de M. Abadie, contre le flot montant des critiques. Nous nous proposons de reprendre ce travail et de réfuter les arguments de l'auteur en ce qui concerne son appréciation artistique. On nous permettra de placer uniquement la question sur le terrain des principes, et de laisser de côté ce qu'elle pourrait avoir de personnel, nous bornant à montrer que les critiques qui ont éclaté sur tous les points du pays contre l'idée par trop *byzantine* du projet Abadie, méritent réellement, sous peine de compromettre le succès de l'œuvre, la plus sérieuse attention de ses organisateurs. Voici tout d'abord le résumé fidèle et succinct de l'argumentation de M. Didron :

I. — Des engagements formels sont pris avec M. Abadie, qui a été désigné librement par S. E. le cardinal-archevêque de Paris, après un concours brillant, loyal, auquel tous les artistes ont pu prendre part.

II. — Les partisans de l' « *école gothique* » ont perdu de vue que le style du moyen âge ne pourrait pas être employé dans le cas actuel :

a) Parce que la somme d'argent sur laquelle on peut compter sera insuffisante ;

b) Parce que le terrain n'a pas les proportions qui conviennent à un édifice gothique ;

c) A cause des dispositions toutes spéciales qui sont nécessaires ;

d) Parce que l'aspect d'un monument gothique serait trop réduit par la distance.

III. — M. Didron établit le mérite du projet Abadie, qui est byzantin, dit-il, mais pas turc ni persan, et qui a toutes les qualités imaginables.

Reprenons point par point cette argumentation.

I

Nous tenons, — nous l'avons déjà dit, — à écarter complétement la question toute personnelle du mérite de M. Abadie et des engagements formels qui auraient pu être pris envers lui par S. E. le cardinal Guibert. Si ces engagements existent, et qu'on veuille de part ou d'autre y faire droit, qu'est-il besoin de raisonner davantage sur les mérites du projet et sur les impossibilités du style gothique? Et pourquoi M. Didron lui-même prend-il le soin de défendre le projet de son ami M. Abadie, s'il n'y a plus qu'à regarder faire? Tout cela nous paraît une fin de non-recevoir fort peu concluante. En tout cas, la question de principe reste entière, et c'est la seule qu'il nous convienne d'examiner ; nous l'aborderons donc résolûment.

II

Une chose nous peine et nous étonne, c'est de voir M. Didron, qui se dit appartenir à « *l'école gothique* », plaider l'insuffisance et l'impossibilité du système gothique. Cela dénote, à vrai dire, un esprit éclectique, mais nullement un partisan de principes artistiques bien arrêtés et absolus comme sont ceux de « *l'école* » en question.

a) La somme d'argent disponible sera trop faible, — nous dit-on d'abord, — pour permettre l'emploi du style gothique. Mais où donc est-il écrit que le monument à construire doive être couvert de sculptures du haut en bas, que les façades et les porches doivent être immédiatement garnis de statues innombrables, et qu'il faille nécessairement lui donner toute la splendeur décorative de Chartres ou de Reims ? Nous pensons, au contraire, — et ici nous sommes heureux de nous trouver d'accord avec M. Didron, — qu'un monument comme celui du Vœu national, devant produire de l'effet à grande distance, l'ornementation de détail y a beaucoup moins d'importance que les grandes lignes. Il suffit donc, pour commencer, d'avoir ces dernières. Le reste peut venir plus tard ; les statues à l'extérieur, les verrières à l'intérieur, le mobilier, — trois chefs de dépense qui absorberont des frais considérables, — peuvent être laissés de côté provisoirement, et l'on peut être assuré que la piété des pèlerins ne demandera pas beaucoup de temps pour remplir tous les vides. Nous nions d'ailleurs formellement qu'une église gothique doive coûter plus cher qu'une autre, et nous apportons ici, non pas la simple appréciation du critique, mais le résultat d'une expérience personnelle déjà longue.

Adoptez le style chrétien, que du moins *personne* en France ne repoussera, tandis que bon nombre de catholiques refusent pour leur patrie (et surtout refusent de payer) l'importation byzantine de M. Abadie ; adoptez le style chrétien, disons-nous, et les ressources augmenteront dans une proportion sensible, et les « froids calculateurs » seront tout étonnés de voir les fonds peut-être doublés.

Aujourd'hui on a voulu tout prévoir, et tout avoir en caisse d'avance ; de la sorte, il n'est plus guère nécessaire de mettre sa confiance dans le bon Dieu pour achever l'édifice ; il suffit, pour que tout aille au mieux, de rester dans les limites du devis : c'est commode, mais peu héroïque.

Au moyen âge, on agissait tout autrement. Le plan d'une cathédrale étant fait, on commençait à bâtir et l'on continuait jusqu'à ce que la caisse fût vide ; alors on faisait le tour des paroisses, on quêtait de nouvelles ressources et l'on reprenait les travaux. On avait l'inébranlable confiance qu'une telle œuvre, entreprise pour la plus grande gloire de Dieu, serait soutenue et protégée par lui, et c'est ainsi que, *dans chaque diocèse de France à peu près*, le moyen âge a planté un chef-d'œuvre. Aujourd'hui nous avons la France entière pour y réunir des ressources, et nous n'oserions pas entreprendre ce qu'un seul diocèse entreprit et acheva au moyen âge ! Si cela était, il y aurait de quoi rougir de honte ; mais nous en sommes convaincus, cela n'est pas : la Foi n'est pas morte, et elle produira plus, avec l'aide de Dieu, que les froids calculateurs ne l'ont prévu.

b) Le terrain n'a pas les proportions qui conviennent à un édifice gothique, dit-on ensuite, assez naïvement. Les proportions ordinaires des plans gothiques, relevées d'après les principaux monuments du moyen âge, sont heureuses, tout le monde doit le reconnaître. Si celles que l'on a imposées s'en écartent, tant pis pour elles, mais elles ne permettent donc pas de faire un bon plan, et, d'après M. Didron, elles ne permettent assurément pas de faire un plan gothique?... Or, s'il y a une impossibilité pour ce dernier style, comment s'étonner que « *l'école gothique* » n'ait pas pris part à la lutte?

On le voit, les conséquences de cette soi-disant impossibilité se retournent directement contre ceux qui voudraient rendre l'architecte esclave des dimensions imposées par le programme, à savoir : cinquante mètres de largeur sur quatre-vingt-dix ou plutôt sur cent mètres de longueur, en y comprenant un porche monumental et inutile.

c) L'objection tirée des dispositions spéciales nécessaires ne nous paraît pas plus forte. M. Didron semble dire qu'on ne peut faire en style gothique qu'une cathédrale, et qu'un sanctuaire de pèlerinage serait chose au-dessus des forces de « *l'école* ». Mais, au contraire, y a-t-il au monde un style qui se soit prêté aussi bien que le style gothique à toutes les nécessités justifiées? Expression de la beauté divine, aussi belle que les hommes inspirés par une foi ardente ont jamais pu la rendre, sous le rapport artistique, le style gothique, — disons mieux, — le style chrétien a toujours été aussi l'expression fidèle, exacte, logique, des nécessités à satisfaire, et s'est plié à toutes celles qui se sont présentées.

Les vingt-huit autels, dont parle M. Didron, et les quarante confessionnaux peuvent être placés beaucoup plus aisément et plus convenablement dans une église gothique aux nombreuses chapelles, que dans le temple de M. Abadie. La crypte, ce n'est pas M. Abadie qui l'a inventée, et, franchement, on ne peut guère lui faire un mérite d'en avoir adopté une pour l'église du Vœu national. Quant aux autres dispositions spéciales, je ne sais s'il faut approuver des autels placés à côté de la grande porte d'entrée, lesquels forceront les fidèles qui voudront y entendre la messe, à tourner le dos au grand autel et entraîneront ainsi une foule d'irrévérences. Je ne sais s'il faut approuver davantage des confessionnaux installés tout autour du chœur au milieu du bruit et de la circulation. Ce sont là des nouveautés tout au moins dangereuses, et que la prudence eût conseillé de rejeter.

d) Nous abordons enfin l'argument capital tiré de l'aspect insuffisant, à une grande distance, des monuments gothiques. Ici nous
devons avouer notre véritable et profonde douleur. Comment ! c'est
en France que nous sommes obligés d'entendre renier aussi cava-
lièrement le style qui est une de nos gloires les plus pures, assurément la moins contestée, et qui, aux beaux temps de notre histoire,
a couvert notre patrie des monuments les plus grandioses, les plus
splendides et les plus variés que les hommes aient jamais faits !
Et c'est un enfant de cette *Ile-de-France* qui a vu naître ce style,
qui l'a fait grandir et rayonner sur le reste du pays et sur l'Europe
chrétienne tout entière ; c'est un enfant de cette *Ile-de-France*, disons-nous, qui vient nous dire aujourd'hui que le style gothique,
avec ses maigres flèches, est trop mesquin pour être vu à distance
et produire de l'effet !

En vérité, il y a là de quoi confondre, et nous nous demandons
pour notre part si M. Didron a jamais vu les monuments gothiques
qu'il traite si dédaigneusement, et si, peut-être, — à part les églises
byzantines qui lui paraissent tout à fait familières, — il ne connaît
en France et ailleurs que l'église « *gothique* » de Sainte-Clotilde !
Notre-Dame de Paris, vue des hauteurs du *Père-Lachaise*, ne
fait donc pas « *d'effet* » ? Le vieux clocher de Notre-Dame de Chartres, dans sa majestueuse simplicité, ne fait donc pas d'effet ? Les
façades et tours d'Amiens, de Strasbourg et de Reims ne font donc
pas d'effet ? Et cent autres cathédrales françaises, malgré les six
siècles que beaucoup d'entre elles portent sur leurs épaules et les
mutilations et restaurations absurdes qu'un bon nombre d'entre
elles ont subies, ne font donc pas d'effet ?

Mais non ; pour vous, l'effet, c'est la masse : « *Ingens moles* ». Le
dôme, et pas un dôme, mais une foule de dômes, voilà le *nec plus
ultra* de l'art... vu à distance ! Eh bien, nous n'hésitons pas à le
prédire, et nous sommes sûrs que l'avenir ne nous démentira pas :
l'effet que l'on cherche de cette manière sera manqué. Voici, à
l'appui de notre opinion, quelques raisons sommaires. Un édifice
vu de très-loin, pour être compris à distance, c'est-à-dire pour produire de « *l'effet* », doit être de la plus grande simplicité de formes
et de lignes, et offrir à l'œil une silhouette bien ferme, bien nette
et très-simple sur le ciel. Ceci est une vérité de bon sens. Tout
édifice qui s'écarte de ces conditions doit produire un effet confus :
les lignes compliquées ne se comprennent plus à grande distance,
parce que la perspective en altère trop les formes réelles ; et quant
à la construction elle-même, si elle se compose d'une quantité de
bâtiments différant par la hauteur, le mode de couverture, la forme,

la position dans le plan, l'ensemble doit faire de loin l'effet d'un amas embrouillé : la silhouette composée d'une foule d'éléments divers ne découpe plus sur le ciel quelques grandes lignes simples et nettes; de plus elle se modifie considérablement d'un point à un autre, de sorte que l'œil n'emporte pas d'image précise et ne peut y rien comprendre. Que l'on observe, sans parti pris, une des nombreuses vues perspectives publiées partout à Paris du projet Abadie, on sera forcé de reconnaître la vérité de nos critiques. Le grand dôme, notamment, perdra tout effet à distance, par suite des quatre dômes latéraux qui viendront tantôt l'un, tantôt l'autre, se profiler en partie sur sa base et en dénaturer la forme. Ceux-ci, à leur tour, seront embarrassés des frontons, des petits dômes couvrant les escaliers, du toit de la grande nef, etc. Le toit de la grande nef, très-court du reste, ne paraîtra jamais exister à distance, vu les appendices qui viendront toujours en briser la ligne.

III

Ajoutons que, même de très-près et vue d'en bas, l'infinie multiplicité de lignes à toutes hauteurs et de formes différentes fera un déplorable effet, et enlèvera toute espèce de grandeur et de majesté à l'édifice. Le porche colossal, très-exposé à tous les vents (avis aux pèlerins qui se risqueront jusque-là l'hiver) et couronné de deux cavaliers, ne lui donne pas précisément l'aspect religieux et catholique que l'on cherche en vain ailleurs, et nous croyons que ce n'est plus à Saint-Front de Périgueux ni à Sainte-Sophie de Constantinople cette fois, que M. Abadie s'est inspiré, mais bien à quelque Panthéon ou Pandémonium moderne, où l'on trouve assez généralement ces vestibules ouverts, mauvaise imitation des *narthex* d'autrefois. Ce porche fait perdre, du reste, dix mètres à la longueur de l'église, ce qui vaut la peine d'être pris en considération. Néanmoins, le manque de longueur n'est pas ce qui a effrayé M. Abadie; à la différence des gothiques qui recherchaient pour leurs églises ce qu'on appelle *l'effet perspectif*, c'est-à-dire l'effet de longueur, et qui obtenaient cet effet par une sage disposition des piliers et des colonnes, M. Abadie a fait tous ses efforts pour repousser cet effet, et nous lui garantissons qu'il aura réussi bien au delà de ses désirs : deux seuls piliers existent depuis l'entrée jusqu'au chœur ; ceux qui forment l'entrée du chœur sont énormes et forment point d'arrêt pour la perspective, de sorte que l'église ne paraîtra pas plus longue que large. Dans le genre byzantin, cela va peut-être, mais il est certain que cela ne répond nullement à l'idée que l'on se fait en général d'une église : une salle longue divisée en trois ou cinq nefs longitudinales.

Bref, nous pourrions en dire long encore sur le projet de M. Abadie. Nous pourrions décrire également avec plus de précision l'effet que ferait une église gothique vue à distance; mais nous croyons en avoir dit assez pour que ceux qui nous lisent puissent apprécier la question si importante du style de l'église nationale du Sacré-Cœur.   X....

Extrait d'un article publié par l'*Union*, le 26 octobre dernier :

Au moyen âge, l'artiste était élevé dans la connaissance des Écritures et des légendes; les figures, les symboles des Saints et des Mystères lui étaient choses familières, il savait ce qu'il devait dire dans ce langage qui s'exprimait par le pinceau et le ciseau, ce qu'il devait enseigner au peuple qui, à son tour, savait comprendre toute la grandeur de ce langage. L'art était pour lui un poëme qu'il pouvait figurer sur les verrières, autour des chœurs, sur le tympan des portes des cathédrales; il trouvait dans sa foi l'unité de ces vastes compositions, dans sa connaissance profonde des traditions la science des groupes et des détails, dans son sentiment chrétien l'expression. Or ces trois conditions font aujourd'hui défaut à la plupart de nos artistes.

Qu'avons-nous vu dernièrement? L'une des plus belles données que l'on puisse rêver s'offrait aux architectes dans le programme de l'église du Sacré-Cœur. Tout y était : un emplacement magnifique, au haut de la colline arrosée du sang de saint Denis, dominant Paris entier; une église nationale aux vastes proportions, portant fièrement au ciel la prière de la France. . . . .
» Beaucoup ont répondu à l'appel, témoignant d'une science profonde de l'architecture et même d'un vrai sentiment chrétien; mais pas une œuvre qui marquât, pas une œuvre qui pût révéler une phase nouvelle et durable de l'architecture religieuse et devenir comme le type de notre siècle. . . . .
. . . .

                    Jules-Marie RICHARD.

L'article suivant, qui avait paru le 20 juin, a été placé après ces trois derniers, afin que le travail de M. l'abbé Carle, formant un ensemble complet, ne soit pas scindé.

Extrait de la *SEMAINE RELIGIEUSE* de Nimes
(du 20 juin 1875.)

I. — L'ÉGLISE DU VŒU NATIONAL

Mgr Guibert le dit avec raison, nous avons tous suivi avec un vif intérêt les opérations du concours qui ont mis « la commission artistique en mesure de nous proposer le plan définitif de la future église. » Mais le résultat nous a d'abord surpris et plus tard affligé. Ce n'est point là le monument que les catholiques ont souhaité. Le concours a abouti, on le sait, hélas ! au triomphe d'une école. Nous voulions un splendide temple, on va nous faire une mosquée, une manière d'église russe. Nous voulions un édifice qui traduisît l'élan de tout un peuple repentant et suppliant, on nous offre et l'on accepte pour nous un pastiche des plus malheureux, des plus mesquins ; un dessin digne, non d'être pris pour l'expression d'une grande et solennelle prière, non d'être réalisé sur le mont des Martyrs, mais digne tout au plus d'être reproduit sur..... des tabatières.

Notre tristesse a été des plus grandes, et cependant tout ce que nous en savions déjà nous y avait préparés, quand l'avant-dernier numéro du *Bulletin de l'Œuvre* nous a apporté la vue du futur monument que nous promet le plan Abadie.

Quelle petitesse dans l'ensemble, quelle multitude de petits détails, de petits clochetons, de petites guérites à coupoles, de petites façades, de petites terrasses, de petits contreforts, de petites absides, de petites portes, de petits et petites tout ce qu'on voudra, qui émiettent ce malheureux ensemble.

Déjà, petit en tous ses aspects, cet édifice encore plus amoindri par les terrassements et les vastes rampes sur lesquels le dessin nous le montre, ferait les délices non pas d'un constructeur de temples, mais d'un artiste en édifices de sucre.

Et c'est à Paris ! là où l'on voit le dôme des Invalides, qu'on veut camper cette nouvelle variation, — nous disons bien variation, — de la coupole? C'est en face des tours Notre-Dame que l'on veut élever cette monstrueuse tour carrée si pauvrement résolue en octogone et finalement coiffée d'une hutte d'esquimaux! C'est en regard de la Sainte-Chapelle, ce chef-d'œuvre d'élégante légèreté, ce riche bijou d'architecture, digne d'un écrin, que M. Abadie a la prétention de construire au nom d'un peuple tout entier un aussi étrange monument?

L'idée de bâtir l'église du Sacré-Cœur a surgi de l'effondrement momentané de tout, en ce beau pays de France, et c'est ainsi qu'un grand peuple traduirait la pensée de son ardent désir de se relever?

Et c'est cette plate mosquée qui traduirait la grande et solennelle clameur de toute une nation voulant atteindre de sa note vigoureuse, aiguë, puissante, chrétienne, le cœur de son Dieu?

L'on présentait au curé de Lourdes un plan d'église à bâtir sur le rocher de Massabielle. Mgr Peyremalle jette un regard de dédain sur ce plan; puis, toisant des pieds à la tête le pauvre architecte qui avait cru faire grand : « C'est la sainte Vierge qui m'a fait dire de bâtir ce temple! » Et d'un geste indigné, il déchire le plan et le jette au Gave.

Ce mouvement de juste indignation nous a valu la belle basilique de Lourdes. Et nous croyons ne rien dire d'excessif en affirmant que le plan en eut été également déchiré par le curé, s'il lui eut été présenté tout d'abord. Le curé n'était pas compris; il se résigna. Et à Paris, une commission « composée, nous l'avouons avec S. Eminence Mgr Guibert, d'hommes aussi éclairés que compétents » a accepté sans trop d'hésitation le plan Abadie comme définitif!

Quoi d'étonnant? Huit membres de la commission sur douze, appartenaient à l'École des Beaux-Arts ou à celle des ponts et chaussées. Les membres du clergé que leur science archéologique et leur compétence incontestable désignaient comme membres nécessaires, avaient été écartés. Aussi, que d'architectes ayant le sentiment de l'art national et chrétien ont refusé de concourir, étant connues les préférences intimes des membres de cette commission!

Les conditions du concours étaient d'ailleurs des plus défavorables. Trop peu de temps laissé aux concurrents; trop peu de longueur donnée au monument pour une largeur relativement grande (87 mètres de long sur 50 de large); obligation fort gênante de signer les plans pour les exposer, à l'École des Beaux-Arts, ce qui naturellement éloigna les architectes de l'école gothique et chrétienne. On savait l'École des Beaux-Arts et les Ponts et Chaussées ennemis de cette architecture et partisans exclusifs du classique qui périt en leurs mains obstinées à le défendre, depuis bientôt un demi-siècle, contre le souffle de rénovation qui le rejette et qui nous ramène le grand art national et chrétien dont notre pays possède de si nobles échantillons.

Beaucoup de concurrents sérieux refusèrent d'affronter les préjugés de ces deux corps ennemis de leur art et maîtres des deux tiers des voix de la commission.

Une dernière condition regrettable fut de limiter la dépense à sept millions. Pour une œuvre grandiose comme devrait l'être l'Église du vœu national, ce n'est pas un maximum de sept millions, mais un minimum de quinze à vingt millions. Pourquoi douter de l'élan généreux des catholiques? Pourquoi vouloir parfaire l'œuvre en peu de temps? Nos évêques du moyen-âge avaient-ils les fonds nécessaires à la construction des prodigieuses cathédrales qu'ils ont fait surgir du sol français? Se sont-ils inquiétés en posant la première pierre d'un édifice, de l'heure où la croix serait scellée au sommet? L'église de Cologne a-t-elle jamais été terminée? L'œuvre du Vœu National est un cri de détresse et une supplique adressés au Cœur de Jésus. Sommes-nous tellement près de voir finir nos malheurs et les persécutions de l'Église, qu'il faille se hâter de couronner l'édifice de Montmartre, et nos fils n'auront-ils rien à demander, ne recueilleront-ils pas l'héritage de nos tristesses nationales? Commençons à bâtir l'église de Montmartre, mais sur des plans sans précédents et d'un grandiose jusqu'ici inconnu. L'avenir se chargera de parfaire l'œuvre, et d'ailleurs les souscriptions afflueront en raison directe de la grandeur de nos projets.

Eh quoi! l'on n'a encore rien fait; on sort à peine des préliminaires obligés; les catholiques ont éprouvé la plus amère déception en connaissant le choix du plan Abadie; ce malheureux projet n'a reçu l'éloge spontané d'aucun organe sérieusement catholique, et cependant vous avez déjà recueilli deux millions cent sept mille francs! Élargissez les bases de cet édifice que les catholiques veulent sans pareil; faites grand, riche, beau surtout, les catholiques sont là qui attendent et qui acquitteront la dette, si elle est magnifique comme l'idée qu'ils se font de la grandeur de leur promesse au divin Cœur de Jésus.

Le comité de l'œuvre a eu tort de ne se point fier à son goût qui ne pouvait être que chrétien, — on le sent en lisant les noms de ses membres; — il se dépouilla de la direction du concours entre les mains d'une commission trop exclusive. Longtemps on a dit tout bas ce que nous nous laissons aller à dire aujourd'hui. Nous avons tous été déçus; aucun archéologue en renom n'a osé louer le choix de la commission; aucun journal catholique n'a voulu prendre sur lui d'en exalter la conception.

Au contraire, le blâme couvait sous les ruines de nos espérances; l'occasion était attendue, par plus d'un, de dire leur déception. La *Décentralisation* a commencé la campagne. « Plusieurs curés de Paris ont déjà parlé, dit-elle, au nom des donateurs qui veulent une église monumentale. » On est même convaincu, dans le comité, que l'affaire a été mal conduite; mais on n'ose pas entrer en lutte avec la trop fameuse école des Beaux-Arts et ses douze pairs; chacun veut rejeter sa part de responsabilité de la nomination de cette malencontreuse commission.

Voilà pourquoi nous n'avons pas cru devoir encore ouvrir une souscription; voilà pourquoi nous parlons; et puissent nos frères de la presse catholique le faire à leur tour; le comité, se sentant soutenu par les catholiques, osera secouer cette influence fâcheuse d'une école qui a déjà compromis l'Œuvre.

Ou l'église de Montmartre est sans objet, dirons-nous avec la *Décentralisation*, ou il convient, pour être digne de Dieu et de la France, qu'elle surpasse ce qu'il y a de plus beau au monde. Et pour cela un nouveau choix est nécessaire, une autre commission d'archéologues chrétiens doit être nommée.

L'abbé CARLE,
directeur de la *Semaine religieuse* de Nîmes.

La *Semaine religieuse* et la *Gazette de Nîmes*, qui avaient reproduit ce premier article, ayant été envoyées à plusieurs personnes notables de Paris, une pétition en faveur de notre style chrétien a été faite et elle a été couverte de plus de cinq cents signatures des plus honorables. Cette première pétition a été remise à Mgr le Cardinal-Archevêque de Paris.

II. — LA COMMISSION ET LE CONCOURS

J'ai hâte de le déclarer : Personne n'avait inspiré les pages que l'on vient de lire et qui parurent le 19 juin dans la *Semaine religieuse* de Nîmes, que j'ai l'honneur de diriger.

En les écrivant, je voulais simplement, spontanément, et avec la plus entière conviction, être avec ceux — et je les savais nombreux — qui, à Paris, gardaient à regret le silence, et avec le petit nombre de catholiques qui osaient, en province, demander tout haut autre chose que le projet Abadie, pour exprimer le noble élan de repentir et d'espérance de la nation française.

Je sentais — tant le silence de la presse catholique de Paris, pour l'éloge comme pour la critique, avait de la transparence — je sentais que quelqu'un de l'ordre sacerdotal devait parler ; et, du fond de la province, je poussai un cri qui, je le savais, pouvait rester sans écho. Je frappai sans espérance, quoique avec énergie, à la porte de ce Paris habitué à donner l'impulsion au lieu de la recevoir. J'espérais peu, mais je frappai quand même ! *Pulso, si quis me audierit.*

La fortune aime les audacieux ; je préfère néanmoins attribuer son aide à la date du centenaire du Sacré-Cœur, car c'est ce jour-là même que j'écrivais mon article. Le cri poussé par moi a été entendu ; il a été un vrai soulagement pour bien des cœurs, attristés de ce qui allait être fait à Montmartre. De nombreuses adhésions aux conclusions de mon premier article se sont affirmées, à Paris, ou sont venues, de cette ville surtout, m'encourager à parler encore.

Ces adhésions émanaient de personnes dont je n'avais pas l'honneur d'être connu ; je ne pouvais donc en souhaiter de plus spontanées. Je devais d'autant mieux m'en sentir soutenu, que leurs auteurs sont à l'abri des influences de l'envie ou de la jalousie de métier.

Je sais donc aujourd'hui qu'il est bon de parler encore — tout ce qui est advenu depuis me l'assure — et la question, alors fermée, me semble désormais ouverte. On m'a bien dit très-haut et très-longuement de me taire, raison de plus pour parler ; on a dit aussi aux catholiques de France que cette discussion était inutile, inopportune et surtout injuste. Inutile ? Les faits sont là, depuis le 19 juin, pour prouver le contraire. Inopportune ? Évidemment non, si elle a eu un commencement d'efficacité. Injuste ? J'ai déjà déclaré que j'étais seul et dégagé de toute inspiration intéressée, quand j'ai poussé un premier cri.

Je puis donc continuer.

Un concours a eu lieu, je le reconnais, et il a eu pour base un programme. Mais ce concours a eu lieu dans des conditions contraires à tous les usages reçus, et si les articles du programme qui en faisaient la base ont été, comme on veut bien le dire, sérieusement discutés, ils l'ont été de façon à préparer le triomphe exclusif d'une école.

Il s'agissait de bâtir une église votive, au nom et avec les dons spontanés de toute la France catholique ; le comité, trop modeste — nous le déplorons — s'est démis du soin de nommer l'architecte, en faveur d'une commission de douze membres dans laquelle ne figure le nom d'aucun ecclésiastique. Certes, même en laissant de côté la province, Paris a des prêtres fort compétents en matière d'art et surtout d'art chrétien ; pourquoi les exclure tous ?

Nous concevons qu'on ne nous appelle point à juger les plans d'un palais destiné à loger des ballerines ; mais nous ne saurions admettre, et les laïques pieux pas plus que nous, qu'un projet de monument votif au Sacré-Cœur, à la construction duquel nos ouailles seules doivent contribuer, soit choisi par une commission exclusivement laïque. Nous savons trop, d'ailleurs, les angoisses et les souffrances de tous ceux de nos confrères — je dis TOUS — qui ont eu la charge de faire bâtir une église paroissiale, pour nous désister en cette circonstance. Nous savons les luttes que les curés ont à soutenir contre les architectes, généralement peu portés à se prêter aux exigences du culte, dans l'aménagement de nos églises paroissiales. L'obstination de ces messieurs est en raison directe de leur incompétence en ces sortes de choses ; et, bien souvent, presque toujours, ils nous disent en définitive, comme naguère M. Haussmann a tels curés de Paris : « Celui qui tient les cordons de la bourse doit avoir le dernier mot. » Cette parole sur les lèvres de l'ex-préfet était une impertinence ; elle serait fort légitime, croyons-nous, en cette circonstance, si nous, prêtres, invités à provoquer les souscriptions, nous l'infligions à la commission du concours et à l'architecte de son choix. Ce n'est plus une commune, un département ou l'État qui tient la bourse ; et, puisqu'il s'agit d'une église, c'est bien le moins que nous désapprouvions l'exclusion de tout élément ecclésiastique, de la commission investie du droit de discuter et de choisir les plans.

Et dans cette commission, combien de membres du comité ? Deux ! si nous lisons bien.

Et, parmi les douze noms de la commission, combien de membres de l'Institut et des Ponts et Chaussées? Huit!

Évidemment le triomphe des dômes était assuré.

Et qui donc eût songé à ne vouloir que des dômes, si la commission n'eût été ainsi envahie par les tenants obstinés du classique? L'opinion, entraînée depuis quarante ans par le mouvement de rénovation qui nous a ramenés à l'art chrétien du XIII° siècle, se passe de messieurs des Beaux-Arts et des Ponts et Chaussées; elle les laisse en contemplation devant les souvenirs de l'art païen, et elle marche et produit sans eux et en dehors d'eux de beaux et riches édifices. L'occasion était inespérée; le comité la leur donnait trop belle; ces messieurs l'ont saisie, et les lions verts de l'Institut ne donneront pas cette fois de l'eau claire, mais une lourde et massive mosquée.

Il y a là cinq membres de l'Institut; à chacun sa coupole. C'est correct; qui donc oserait s'en plaindre?

On a dit que ce concours avait été fort brillant. Il nous semble, au contraire, que jamais concours a aussi peu occupé la presse. Et cependant, la circonstance était solennelle. Jamais plan couronné ne fut aussi peu loué. On en glissa un dessin quelque peu fantaisiste et plus ou moins bien copié, dans les journaux illustrés; aucun grand journal catholique n'a pris sur lui de le louer.

La *France illustrée* a parlé de la cérémonie du 16 juin, elle donne deux dessins du projet Abadie; elle donne même le portrait de l'architecte, mais l'article qui accompagne le tout ne dit mot du plan adopté. Si nous remontons à la date du concours, l'*Univers* seul en a parlé, et l'on sait comment.

On a peu blâmé tout haut, à Paris; on a attendu, en province. Mais dès que le *Bulletin du Vœu national* nous a donné une vue générale du projet Abadie, la désapprobation a été universelle, le désappointement complet.

Une remarque: Il nous a été impossible de nous procurer un dessin du projet, vu de face. Nous serions curieux de voir l'aspect qu'il peut offrir; jusqu'ici on s'est obstiné à ne fournir au public qu'une vue perspective de l'ensemble, en trois quarts.

On a prétendu que, dès les premiers jours de l'exposition, le public désignait M. Abadie comme le vainqueur probable. Pourquoi cela? Parce que, par une innovation que rien ne justifie, l'article 25 du programme préparé, comme nous l'avons dit, au profit d'une école, voulait que *chaque feuille de plan fût signée*. On sait la puissance d'une étiquette. Quand donc avions-nous vu un concours en de telles conditions?

L'opinion ne se fait pas elle-même ; on la fait un peu. Or, parmi les architectes, concurrents ou non de M. Abadie qui signait ses feuilles de plan, quel est celui qui aurait hasardé tout haut une critique ? Quel est l'imprudent ami qui eût osé compromettre les concurrents en critiquant pour leur compte ? Pensez donc ! comment, sans quelque terreur, se porter concurrent contre son supérieur ? M. Abadie n'est-il pas quelque peu inspecteur général ? Et comment alors oser critiquer publiquement les plans d'un homme au contrôle duquel l'on voit ses propres œuvres, son gagne-pain soumis chaque jour ?

Quiconque expose s'expose. Tel n'était pas le cas de M. Abadie.

Avec l'obligation de l'étiquette, c'est-à-dire de la signature des concurrents, pas de concours possible. On sait ce qui se pratique habituellement et partout, en pareil cas, et personne n'ignore les précautions prises pour assurer à la fois la liberté des exposants et l'indépendance du jury. Le secret et le secret seul, sans transparence, peut assurer l'impartialité dans le choix des lauréats.

Et maintenant, faut-il se demander si la grande école, dite gothique, n'a pas voulu prendre à ce concours une part qu'elle sait se faire partout large et brillante ? Mais cette école pouvait-elle, dans de telles conditions, se risquer et aller au devant d'un échec inévitable ? Les concurrents de l'école gothique savaient trop les tendances de la commission. Elle les avait affirmées dans le programme. L'article 7 disait en effet : L'édifice sera surmonté d'une ou plusieurs parties hautes, dômes, tours ou clochers... Le petit nombre de concurrents de cette grande école étonnerait, si l'on ne savait ce qu'elle avait tout lieu de craindre en se risquant à ce concours.

Il y a eu cependant une quinzaine de plans franchement gothiques ; pas un n'a obtenu la moindre mention ; non, pas même celui de M. de Baudot. On est donc bien fondé à nous dire et à nous écrire, de Paris et d'ailleurs, « qu'il y avait parti pris d'élaguer tout ce qui n'était pas à dômes. »

Voilà pourquoi l'école gothique, disons mieux, l'école chrétienne, n'a pas pris une large part au concours. L'échec de ceux qui ont tenté l'essai a justifié la prévoyance des autres. Quant au droit d'élire pour juges tels ou tels artistes, droit qui semble une garantie assurée aux concurrents, on comprend sans peine que, pour plus d'un, il eût été bien imprudent d'exercer ce droit en toute liberté. Les plans *signés* leur disaient que leur inspecteur général prenait part au concours !

Quoi qu'il en soit, il est notoire que les visiteurs admiraient, à l'exposition, plusieurs des plans de cette école et en portaient certains au-dessus de ceux qui ont été primés. Aussi, l'on nous a raconté que, sous prétexte de classement à faire, mais peut-être pour étouffer ce mouvement d'opinion qui se manifestait et s'accentuait même, on ferma l'exposition avant le terme fixé et, pendant ce temps, on enleva tous les projets gothiques, si bien que, le jour où les portes de l'exposition se rouvrirent, on ne vit plus que les projets prônés par l'Ecole des Beaux-Arts. Cette nouvelle exposition se prolongea pendant les derniers jours de juillet et fut fermée le 2 août. Pendant ces dernières journées, on n'entendit que des protestations sur les choix faits par la commission.

Si tout cela est vrai, et nous avons tout lieu de le croire, la lutte n'a pas été parfaitement loyale, puisque, aux yeux de tous, elle a été rendue si étrangement inégale par le parti-pris que nous relevons.

En terminant ce que nous avions à dire du concours et des conditions qui lui ont été faites, nous ne pouvons que rappeler les conclusions de notre premier article.

Un nouveau choix est nécessaire, une autre commission d'archéologues chrétiens doit être nommée.

Ces conclusions, nous les appuierons de ces quelques lignes de l'*Echo de Fourvière* (26 juin) :

« Le plan adopté par le jury a soulevé les plus vives critiques qui, longtemps contenues, viennent de se faire jour dans plusieurs feuilles religieuses. Notre situation exceptionnelle ne nous permet pas, en ce moment du moins, de nous mêler à ce débat. » — On voit que l'importante feuille lyonnaise fait ses réserves pour l'avenir. — Mais nous espérons que, si vraiment l'œuvre projetée n'est pas suffisamment digne et de la France et du Sacré-Cœur, Dieu saura bien le faire connaître à ceux qu'il a chargés de l'entreprise et leur envoyer, s'il le faut, l'homme capable de traduire en un poëme architectural, avec un génie illuminé par la foi, les sentiments de pénitence, d'espérance et d'amour qui ont inspiré le grand mouvement religieux et patriotique du vœu national. »

— Ainsi soit-il !

III. — LE PARTI-PRIS

Avant d'aborder ce point assez délicat, signalons un procédé qui l'est fort peu.

Le *Bulletin du Vœu national* nous était jusqu'ici adressé avec cette note sur la bande : *Don gratuit du Comité.* Le dernier numéro ne nous est point parvenu. Est-ce parce qu'il reproduit, avec quelques lignes d'introduction, un long article du *Monde*, numéro du 30 juin dernier? La mesure qui a tenu, depuis, le journal *le Monde* fermé à toute réponse qui pourrait être faite, par nous ou par d'autres, à l'article-feuilleton du 30 juin, devait, ce nous semble, avoir pour conséquence rigoureuse, honnête, le renoncement à tout désir de reproduire cet article dans le *Bulletin du Vœu national*. On ne l'a pas entendu ainsi.

Cela s'appelle, en tous pays, étouffer la discussion.

Cela s'appelle détester la contradiction.

C'est peu gracieux pour quiconque est désigné dans cet article, et ce doit être fort gênant pour le *Monde* à qui l'on impose ainsi la victoire.

Imposer la victoire! Et n'était-ce pas l'imposer aussi à M. Abadie, membre de l'Institut, inspecteur général, que de l'obliger à signer «chaque feuille de plan,» dans un concours dont la majorité appartenait à ses collègues de l'Institut? On dit aussi que M. Abadie est le locataire de M. Riant. Ce dernier ne faisait point partie du comité dès l'origine, mais il y est entré depuis et en est même devenu vice-président.

Nous avons parlé du parti-pris d'écarter tout plan qui ne serait pas à dômes. Ce parti-pris de la commission, presque avoué par le programme du concours, l'a été plus ouvertement encore par tout ce qui a été dit pour le justifier. Tous auraient, affirme-t-on, parfaitement compris, et Mgr l'archevêque comme les membres de la commission, que le style du moyen-âge ne pouvait être utilement appliqué dans la construction de l'église du Vœu national, à cause des conditions de dépense et de situation.

Nous avons déjà dit, dans notre paragraphe 1, qu'il n'y avait aucun motif sérieux de limiter la dépense à 7 millions et de mesurer aussi prématurément le généreux élan des catholiques. A ceux qui viendront nous dire qu'avec 7 millions attribués à un monument gothique, on ne pourrait lui donner que l'importance d'une église de second ou de troisième ordre, nous répondrons : Est-ce que Mgr Guibert se serait résigné à bâtir, même à Tours, une église de troisième ordre en l'honneur de saint Martin? Le caractère bien connu de S. Em. écarte tout doute à cet égard. Ce qu'il voulait, c'était une belle église qui convînt au double caractère local et national du culte rendu au patron de la France. Ce qu'il voulait, à Tours comme en ce moment à Paris, c'était un monument capable de recevoir les pèlerins de toutes les provinces.

Or, Mgr Guibert avait demandé, pour Saint-Martin de Tours, un beau projet d'église gothique. Sa Grandeur avait-elle au moins les 7 millions trouvés maintenant si insuffisants?

Loin de là, certes. Elle n'avait ni les 7 millions, ni les souscriptions qui, suivant la note du 9 juillet, sont depuis « arrivées avec tant d'abondance, » ni celles que nous pouvons espérer de la générosité des catholiques, le jour où l'on viendra leur offrir un projet digne de la grande pensée d'expiation nationale qui a jailli de nos cœurs, aux jours de nos épouvantables malheurs.

Et cependant, je le répète, archevêque de Tours, Mgr Guibert avait voulu et approuvé un beau projet de style chrétien du xiii° siècle. Comment supposer qu'à Paris, S. Em., comptant sur un minimum de 7 millions, n'oserait plus tenter ce qu'Elle avait projeté naguère à Tours, avec des ressources bien inférieures? Comment et à si bref délai prêter à Mgr Guibert une modification si radicale de sentiments et de vues?

Cette modification, nous nous refusons à l'admettre.

Nous allons même plus loin, nous la nions; car nous sommes en mesure d'affirmer qu'une remarquable étude de M. Julien (de Paris), qui proposait des types ogivaux dignes du Vœu national, a été fort goûtée à l'archevêché et recommandée au comité dans les derniers mois de 1873. — « S. G. l'a lue avec beaucoup d'intérêt, » écrivait M. Reulet, secrétaire particulier de Mgr Guibert, à l'auteur de cette étude, « et, persuadée qu'elle contient des idées et des renseignements précieux, Elle me donne ordre de la transmettre à la commission artistique du monument ». Cette lettre est du 4 septembre 1873, et, le 26 octobre, M. A. Legentil, secrétaire du comité, informait M. Julien de la transmission de son travail par ordre de S. G. Il n'est donc pas croyable que Mgr Guibert ait compris que le style du moyen-âge ne pouvait être utilement appliqué dans la construction de l'église du Vœu national, à cause des conditions de dépense.

Passons aux conditions de situation.

Sans doute, 90 mètres de longueur étaient peu pour une largeur de 50 mètres, peu surtout s'il se fût agi d'une cathédrale ; mais qui donc viendra nous dire que le style ogival ne peut se prêter à ces dimensions, surtout pour une église votive? La basilique de Lourdes est relativement courte eu égard à sa largeur; manque-t-elle pour cela d'aspect? manque-t-elle de perspective au dedans et d'harmonie au dehors? On peut constater qu'elle est courte, mais on est forcé de l'admirer quand on se place sur le seuil ; on est pleinement satisfait quand, au dehors, l'on aperçoit, des divers points du paysage, sa belle et gracieuse silhouette au-dessus du

rocher de Massabielle, sur lequel elle est si fortement et si digne
ment assise.

C'est pourtant là une église ogivale.

Pense-t-on que les 32 mètres, dans œuvre, du chœur de la cathédrale du Mans emploieraient mal les 50 mètres proposés à Montmartre, si l'on ajoutait de part et d'autre 9 mètres pour les chapelles?

Les 12 mètres 60 d'axe en axe du sanctuaire donneraient, en
chiffres ronds, 480 mètres carrés. Ne pensez-vous pas que, selon
les exigences du programme (art. 10), « le chœur et le sanctuaire,»
taillés sur cette surface de près de cinq ares, « seraient assez
vastes pour que l'office public et même l'office pontifical puissent
y être célébrés avec la pompe convenable » ?

Ne croyez-vous pas, comme nous, qu'avec ses 21 mètres de
haut, le premier collatéral qui pourtournerait ce splendide sanctuaire serait d'un grand air ?

Pourriez-vous supposer que, discrètement inondé de la lumière la plus égale et la mieux adoucie par son triforium et par
les étages visibles, à l'intérieur, d'une tour centrale comme celle
de Bayeux, ce premier collatéral n'ajouterait pas à l'ampleur de
l'ensemble ?

N'est-il pas permis de croire que ce beau collatéral fournirait un
magnifique développement aux processions, là entre l'autel majeur et ses nombreux officiers, et le second collatéral meublé d'as-
sistants, sur la tête desquels passerait le riche rayonnement des
hautes et étincelantes verrières d'une vingtaine de chapelles?

Je ne m'attarderai pas à examiner les moyens d'harmoniser ces
premières données, prises de la cathédrale du Mans, avec le reste
de l'édifice projeté. J'ai voulu simplement dire que les conditions
de situation n'excluaient nullement le style ogival.

Puisque notre siècle de décadence ne peut rien créer; puisqu'il
faut se résigner à une imitation, il nous a paru peu équitable de
laisser dire, dans l'intérêt d'une école dont l'Église et son clergé
ne veulent plus, que le style du xiii* siècle ne pouvait se prêter
aux conditions de dépense et de situation faites à Montmartre.

Puisqu'il faut se résigner à une imitation, nous avons voulu pro-
tester contre l'exclusion, toute de parti pris, du style qui, plutôt
qu'un autre, peut la tenter, et cela au mieux des besoins du culte,
de l'emplacement, des ressources et de la réalisation d'une grande
pensée nationale et surtout catholique.

Puisqu'il faut se résigner à une imitation, demandons-la à l'école
chrétienne plutôt qu'à l'école exclusive de la commmission qui

n'osant pas nous donner carrément du pur classique, ne trouve rien de mieux que l'imitation d'un style qui, chez nous, n'a jamais su que s'essayer sans jamais arriver à asseoir un grand et vrai monument.

Avez-vous, nous dira-t-on peut-être, avez-vous, prêt à nous être offert, un architecte pouvant se plier à ces données? Avez-vous, prêt à nous être offert, de votre main, un plan ogival qui se prête aux conditions de dépense et de situation?

Eh! mon Dieu, laissez donc cette condition de dépense; la note de juillet nous rassure. « Quant au manque d'argent, nous dit-elle, les catholiques seront heureux d'apprendre que jamais les souscriptions ne sont arrivées avec autant d'abondance. » Est-ce que cette note manquerait de sincérité? Vous nous le feriez craindre.

Ne parlez plus tant de la condition de situation. Nous vous dirons bientôt qu'il ne dépendait que de vous de la rendre plus facile, et que le désir seul de placer la façade de l'Église du côté de Paris a donné lieu à cette disproportion entre la longueur et la largeur imposées; cette disproportion, vous en abusez vraiment trop au profit de votre école.

Ne parlez plus de la difficulté de bâtir, là, une église ogivale; ne parlez ni d'architecte introuvable, ni de plans impossibles, car vous me forceriez vraiment à m'armer d'un charbon et à vous tracer, sur le premier mur venu, un dessin tel que me l'inspireraient mon admiration raisonnée pour les monuments que nous ont laissés nos pères, et mon indignation à vous entendre crier à l'impossible, tant ce style de l'âge de foi se prête à toutes les bourses et à toutes les situations.

Abandonnez donc ce parti-pris, devenu une évidence pour tous. Chacun l'a relevé ce parti-pris. La voix qui proteste dans ces lignes n'est point une voix isolée, vous le savez bien; et c'est parce que cette voix, dès son premier cri, a retenti au cœur de nombreux catholiques déçus dans leurs légitimes espérances; c'est parce que vous saviez qu'elle éveillerait de nombreux et puissants échos, que vous avez essayé de l'étouffer.

Pour tout homme dégagé de ce funeste parti-pris que nous combattons, la condition de dépense n'a rien d'absolu, et, dût-elle rester la même, elle n'exclut pas la possibilité du style national du xiiiᵉ siècle. Quant à la condition de situation, nous l'avons déjà montré, dût-elle être irrévocable, elle ne nécessite point l'adoption du projet Abadie. Or, irrévocable, elle ne l'est pas, comme nous allons le voir à propos de l'*Orientation*.

IV. — L'ORIENTATION.

« La maison du Seigneur doit être bâtie de telle sorte, dit le *Rational* de Durand, que la tête regarde droit vers l'Orient. » La tête d'une église, c'est le chevet, autrement dit l'abside. Saint Germain, patriarche de Constantinople, donne ainsi la raison de cette règle : « C'est une tradition reçue des apôtres qui nous fait tourner vers l'Orient pour prier, parce que le soleil de justice, Notre-Seigneur Jésus-Christ, se manifesta dans ces contrées sensibles du soleil levant. Parce que encore nous attendons de nouveau notre paradis reconquis dans l'Éden, et que nous l'envisageons dans cette partie du ciel; enfin, parce que nous fixons ainsi nos regards vers le levant de cette lumière qui apparaîtra au second avénement du Christ, par lequel nous serons régénérés. »

Cette prescription est d'une telle importance aux yeux du savant liturgiste, auteur du *Rational*, qu'il veut même que le chevet de l'église « soit tourné vers le lever équinoxial du soleil, pour signifier que l'Église, qui combat sur la terre, doit se conduire avec modération et égalité d'âme, dans la joie comme dans les afflictions. »

Ainsi, aux yeux de Guillaume Durand, l'orientation de la maison de Dieu est rigoureuse au point d'exiger la direction de son axe vers le lever *équinoxial* du jour.

Ne nous arrêtons pas plus longtemps aux raisons mystiques que les pères et autres écrivains ont données de cette loi de l'orientation. Constatons, avec saint Germain, que l'usage des premiers chrétiens était de se tourner vers l'orient pour prier Dieu, et que cette pratique a toujours été considérée comme apostolique. De là cette scrupuleuse fidélité des architectes chrétiens à orienter rigoureusement leurs églises.

Sans doute les basiliques constantiniennes ont leur axe dirigé vers l'occident ; mais l'usage a voulu que le prêtre ou l'évêque, célébrant dans ces églises, fût tourné vers le peuple et par conséquent vers l'orient. Quoi qu'il en soit, ces basiliques ont leur axe de l'orient à l'occident, jamais du midi au nord. Le nord est le côté du Mal, et la Franc-Maçonnerie *a pour doctrine secrète, par dérision pour le Christ qui est le Bien, d'user de toute son influence pour faire tourner vers le nord les églises qui se construisent de nos jours.* C'est une des pratiques secrètes des Albigeois et des Manichéens que l'on fait sournoisement prévaloir.

Que si l'on parle du défaut d'orientation d'un certain nombre d'églises monastiques, nous répondrons que, le plus souvent, ces grandes églises ont été bâties postérieurement à la construction de ces monastères et ont été forcément subordonnées, pour l'orientation, aux exigences du plan général des autres bâtiments.

Mais toujours et partout, même pendant le siècle dernier d'ailleurs si peu fidèle aux traditions liturgiques, l'église paroissiale ou cathédrale a été parfaitement orientée. L'on cite celles qui ne le sont pas. Et, sans énumérer les auteurs qui ont affirmé cette règle suivie par nos pères, il nous plaît, en cette occurrence, de dire avec M. l'abbé Pascal, un prêtre du clergé de Paris, et d'ailleurs peu chatouilleux en ces sortes de choses : — « Si l'architecte a la liberté du choix, c'est un devoir pour lui de se conformer à cette direction ».

Eh bien ! la commission artistique du Vœu national avait-elle la liberté du choix et devait-elle orienter la future église ? Oui.

La commission artistique était-elle gênée par des difficultés de terrain ? Non.

Et, par suite, la commission artistique était-elle forcée de borner la future église à moins d'une centaine de mètres de long sur cinquante mètres de large ? Non.

A-t-elle été condamnée à ces mesquines proportions et à une orientation vicieuse par le peu de solidité du sous-sol ? Non.

C'est donc pour obéir à ce parti pris que nous avons relevé e blâmé, c'est donc au profit d'une école qu'elle a ainsi fixé et l'emplacement et les proportions du futur édifice ? Oui.

Et nous le prouvons.

I. — La commission artistique du vœu national avait parfaitement la liberté du choix ; mais elle a voulu établir la façade en regard de Paris, et par suite, vu la prompte dépression du terrain au delà du point fixé pour l'abside, se trouver dans la nécessité de ne donner au monument qu'une longueur à peine double de la largeur, ces proportions convenant particulièrement à un édifice à dômes.

Nous ne voulons pas croire à l'action occulte des francs-maçons dans la direction vers le nord adoptée par la commission. Ce serait par trop monstrueux. Quoiqu'il en soit, une commission ainsi composée, sans le moindre élément ecclésiastique, devait peu s'inquiéter des traditions de l'Église dans l'orientation de nos temples. Si elle a voulu simplement placer le grand portail du côté de Paris, elle a du moins oublié que cette église est bâtie pour Dieu et non pour le coup d'œil de la population parisienne. Et en cela, la commission s'est étrangement trompée, car il n'existe et il n'existera jamais, dans cette direction, de rues ou boulevards d'où l'on puisse aisément apercevoir cet édifice; la déclivité du sol de la butte de Montmartre jusqu'à la Seine ne permet pss d'y songer. Quelques mansardes du sixième étage auront seules le privilége d'admirer cette création de M. Abadie.

Nous doutons même sérieusement que cette église soit visible du bas des rampes d'accès. Pensez donc : quarante mètres en contrebas ! On ne verra pas même la statue du Sacré-Cœur; moins encore le cheval de saint Martin; bien moins encore les coupoles; bien et bien moins encore la grotesque et si étrange tour.

N'allez pas dire à Messieurs de la commission : Mais cette direction donnée à la façade forcera les pèlerins — car c'est une église votive, but assuré de futurs pèlerinages — à gravir les cent vingt marches de M. Abadie ! Entendez-vous? Cent vingt marches, sans compter les fortes rampes d'accès!

Et, parmi ces pèlerins, que de personnes délicates et chétives, que de gens accablés sous le poids des ans, des chagrins ou de la maladie ! Sont-ce exclusivement les gens robustes ou heureux qui vont en pèlerinage? Cent-vingt marches ! Mais y songez-vous? Ne pourriez-vous pas nous faire arriver là en voiture, ou, du moins de plain-pied, par une voie moins raide ?

Messieurs de la commission vous répondraient :

« Le portail doit regarder Paris.

« D'ailleurs, ajouteraient-ils tout bas, dans ces conditions le monument ne pourra avoir en longueur qu'environ le double de sa largeur ; ces proportions sont parfaites pour un édifice à dômes. »

Le parti-pris, toujours le parti-pris!

Ne dites pas à ces messieurs que cette direction vers le nord convient peu aux verrières et aux divers effets de lumière à l'intérieur, surtout avec les jours si parcimonieux du projet Abadie.

Des verrières? M. Abadie n'en a que faire.

M. Abadie apprécie peu les sourires du soleil levant; et d'ailleurs sa grosse tour, partant de fond, fait tête de clou au bout de l'axe de sa mosquée.

M. Abadie apprécie bien moins encore les chauds rayons du couchant; ils plongeraient mal sous les sombres voûtes de ces énormes boursouflures, qu'il appelle des dômes. Le soleil couchant! et comment, à travers de triples voussures à angles droits, pourrait-il enfiler ces étroites fentes, pour aller se briser, sans effet pour l'œil, contre les gros piliers de l'intérieur?

Des effets de lumière? à quoi bon? ce sont des jours de souffrance, tout au plus des meurtrières qu'il faut à ce style. Gageons même que M. Abadie serait encore tenté de voiler les fenêtres par un treillis de pierres découpées, comme on le fit jadis à Constantinople, n'était que Saint-Front de Périgueux, dont il nous sert un pastiche, n'en donne pas le modèle.

Eh! quoi, lui direz-vous; mais vous renonceriez aux verrières, vous repousseriez ces splendides pages d'histoire ecclésiastique et d'agiographie, ces enluminures à grande échelle?

Le style adopté peut s'en passer, vous sera-t-il répondu, et puis nous n'avons que sept millions, et, par contre, un cube prodigieux de pierres et autres matériaux.

Economisons; laissons les verrières!

Et vous voilà contents ou peu raisonnables.

Conclusion : La commission devait orienter l'église du Vœu national; elle était libre de le faire; mais elle s'est laissé guider par le désir de tourner l'édifice du côté de Paris, et par l'arrière-pensée de rendre nécessaires les conditions données de dimension et de situation.

Le parti-pris, toujours le parti-pris!

II. — La commission artistique n'était point gênée par des difficultés de terrain?

C'est surtout ici que se montre le fond du fameux parti-pris.

Prenons le plan des terrains que le *Bulletin du Vœu national* a publié pour ses lecteurs. (N° 3, février 1874.)

Ce plan est orienté, le nord en haut, comme les cartes géographiques.

Daignez, ami lecteur, nous suivre un instant sur ce plan.

La butte de Montmartre forme un long mamelon qui va de l'ouest à l'est, et finit, vers la rue Sainte-Marie, par une forte et assez brusque dépression, surtout quand on arrive vers le marché.

La rue projetée, Chasseloup-Laubat, qui pourtournera le mamelon, bien au-dessus cependant de la rue Sainte-Marie, sera encore en contre-bas d'environ dix mètres, par rapport à l'assiette des sacristies et du presbytère. Pour ces motifs, l'emplacement destiné à ces accessoires est, on le voit sur le plan, fort irrégulier. Voilà comment le désir de tourner l'église vers Paris force la commission à ne profiter que du petit axe du plateau.

Par contre, ce plateau, si restreint du sud au nord, s'étend vers l'ouest jusqu'à la rue Saint-Eleuthère. On sait que le passage — indiqué sur le plan — du futur monument à cette rue n'est qu'en projet.

Or, en suivant en ligne droite ce passage, et traversant la rue Saint-Eleuthère, on arrive bientôt, à environ 200 mètres,—200 mètres seulement, — par des jardins et des bâtiments peu coûteux à exproprier, à la place du Tertre, place qui doit être mise, tôt ou tard, en communication, par de larges voies, avec la belle rue Lepic, dirigée vers les beaux quartiers de Paris.

Et, remarquons-le bien : dans cette direction et jusqu'à la place du Tertre, l'on a toujours à peu près le niveau du plateau déjà exproprié.

Cela bien constaté, prenons une ouverture de compas égale à la largeur de l'emplacement du monument, — soit 50 mètres, — portons-la, du côté du sud, à partir de la lettre E qui commence ces mots : EMPLACEMENT DES SACRISTIES. Vous remarquerez que vos 50 mètres s'y développent largement avant la dépression destinée aux rampes d'accès du plan Abadie.

Que si maintenant vous supposez l'abside de la future église établie là, vous trouverez, en vous dirigeant vers l'ouest, au sud de l'église Saint-Pierre, et avant d'atteindre la rue Saint-Eleuthère, un espace de plus de 160 mètres.

Cent soixante mètres !

On peut donc parfaitement orienter le futur édifice et présenter, du côté de Paris, le splendide développement d'une église de 160 mètres au moins, dont le côté sud du transsept s'ouvrirait sur les fameuses rampes d'accès converties facilement en chemin de croix.

Un Calvaire, convenez-en, aurait mieux sa place là, qu'un système de lacets et de jardins pour les promeneurs.

Et alors la façade principale tournée normalement vers l'ouest, presque au droit du boulevard des Batignolles, serait vue des beaux quartiers de Saint-Augustin, de l'Étoile, etc. L'abside, bordée par la rue Chasseloup, dont la dépression est si prompte, aurait toute sa valeur vue des quartiers de l'est.

Dans ces conditions, les trois quarts des terrains expropriés pour l'emplacement des sacristies et du presbytère se trouveraient libres au nord et un peu à l'est, pour établir dans de meilleures conditions ces diverses dépendances de l'église du Vœu national.

Ajoutons que tout cela est possible, même en conservant à cette église un large pourtour et une belle place d'accès du côté de la rue Saint-Eleuthère.

La commission n'était donc pas gênée par des difficultés de terrain.

III. — La commission artistique était-elle forcée de borner la future église à moins de [cent mètres de longueur pour une largeur de cinquante mètres?

Nous avions déjà dit non, et nous venons de prouver qu'on pouvait, par une bonne orientation, disposer de cent cinquante mètres au moins.

Le parti-pris, toujours le parti-pris de tourner l'église vers Paris, et de forcer la carte, — qu'on nous pardonne ce mot, — au profit du style préféré, qui, mieux que tout autre, s'accommode de ces proportions.

IV. — La commission artistique a-t-elle été condamnée à ces mesquines proportions et à cette orientation vicieuse par le peu de solidité du sous-sol?

Nous ne nous contenterons pas d'un *non*, nous irons plus loin.

Les derniers numéros du *Bulletin du Vœu national* trahissent de sérieuses appréhensions sur la solidité du sol, à l'emplacement choisi par la commission. On sait que ce terrain a été profondément fouillé et remué autrefois. L'on reconnaît d'ailleurs qu'il faut extraire 78,000 mètres cubes de sable, glaise et marne fine, toutes matières très-meubles et trop perméables.

« La commission s'est réunie le mois dernier, nous dit le *Bulletin*, numéro du 10 septembre (1), pour l'étude des fondations. *Les terrains avaient été soigneusement examinés par plusieurs de MM. les ingénieurs appelés à faire partie de la commission.* »

Ici la préoccupation se découvre à chaque mot. Poursuivons :

« Après une mûre délibération, le mode de fondations a été adopté. *Il donnera toute sécurité*, sans augmenter *beaucoup* les dépenses. *Il ne faut pas oublier toutefois*, — ce toutefois est sans prix — *qu'en pareille matière*, LA SÉCURITÉ PASSE AVANT L'ÉCONOMIE... »

Pour quiconque sait lire, cela signifie que l'énorme cube de maçonnerie et de divers matériaux nécessaires à l'édification de la massive mosquée Abadie est un vrai et sérieux sujet d'inquiétude pour la commission. Ces « plusieurs de MM. les ingénieurs » ont tout l'aspect de médecins consultants *in extremis*.

Laborieuse, cette naissance !

Ce mot « sécurité, » si souvent employé, et avec tant de ménagements et de précautions, ne dit rien qui ressemble à une vraie *sécurité*.

Et quoi d'étonnant? Une église qui ne couvrira qu'une surface d'un demi-hectare, soit 5,304 mètres carrés, pèsera, « sans ses ac-

cessoires ! » 130,000,000, cent trente millions de kilogrammes !
Cent trente millions!

Et quelle est donc l'église ogivale couvrant une égale superficie qui pèserait seulement les deux tiers de cet énorme chiffre de kilogrammes ?

Le style ogival combine sagement les forces inertes avec les forces agissantes, et les premières dans la plus petite proportion possible. C'est là même ce qui fait sa hardiesse ; c'est là ce qui le fait s'accommoder des plus faibles ressources et des matériaux même les moins résistants. Il suffit pour s'en convaincre de lire les concluantes démonstrations de M. Violet-le-Duc.

Le style à dômes, au contraire, ne connaît que les formes inertes, et voilà ce qui explique cet énorme poids de 130,000,000 de kilogrammes que l'église, relativement peu vaste de M. Abadie, ferait peser sur le sol si peu solide de la butte, au point choisi par la commission.

Nous comprenons les inquiétudes de cette commission ; elle sait, en effet, que le mur d'encaissement porterait ce poids, déjà si considérable, au chiffre effrayant de *cent quarante-trois millions huit cent quarante-neuf mille neuf cent vingt kilogrammes!*

Et remarquez-le bien, nous donnons les chiffres du *Bulletin*, les chiffres fournis par M. Abadie. Loin de nous le moindre doute sur la sincérité de ces données ; mais — vous savez — l'illusion est la candide fille du désir.

Ce qui est moins candide, moins innocent, c'est l'assertion suivante du *Bulletin :*

L'église « produira sur le sol une pression de 24,509 kilogrammes 804 grammes, par mètre superficiel ou 2 kilogrammes 454 milligrammes par centimètre carré. »

Pas si innocents qu'ils le paraissent, Messieurs, vos 2 kilogrammes 454 milligrammes !

Deux kilogrammes et demi, c'est bien peu ; mais 1 centimètre carré est une si petite surface !

Nous trouverions ce poids déjà excessif, s'il devait peser sur autant de centimètres carrés qu'en renferme le demi-hectare de votre future église.

Mais, permettez! Deux augures ne peuvent se regarder sans rire. Ce poids énorme de 130 millions de kilogrammes, plus les 14 millions du mur d'encaissement, ne porteront pas en fait sur un demi-hectare, mais seulement sur une surface égale à une section horizontale des murs et des piliers. Or, si massifs soient-ils, les murs et les piliers ne donneront, en coupe horizontale, qu'un quinzième au plus de la surface totale du monument. Ce serait donc, non plus 2 kilogrammes et demi, mais près de 40 kilogrammes qu'aurait à supporter chaque centimètre carré.

Ce ne seraient plus même 40 kilogrammes de poids.

Ce seraient environ 40 kilogrammes d'écrasement.

Et je prie les hommes du métier de vouloir bien distinguer avec moi le poids, proprement dit, du poids d'écrasement. Car, pour ne pas *porter* directement sur toute la surface, et précisément parce qu'il est *reporté* sur un quinzième au plus, ce poids n'en est que plus inquiétant; il ne *pèse* pas seulement, il *agit* comme résultante plus encore que comme poids et par conséquent ne doit jamais être calculé comme le fait la note du *Bulletin*, à laquelle nous l'empruntons.

Tels que le *Bulletin* les donne, ce sont là chiffres propres à satisfaire la badauderie, et nullement à communiquer aux hommes sérieux la « sécurité » de la commission, dût cette sécurité, pour être sincère, « passer avant l'économie. »

La meilleure économie était dans le choix du style ogival qui répartit le poids réel avec infiniment moins d'écrasement, grâce à l'emploi si ingénieux des forces agissantes et à la légèreté relative des matériaux, dont il s'accommode si bien.

Une église ogivale de 150 mètres n'aurait pas eu un cube supérieur à celui de l'église Abadie. Le poids réel était donc un tiers moindre, l'écrasement presque nul, et le monument plus long, plus élevé, partant plus grandiose et plus majestueux. Ajoutons qu'il était plus traditionnel, plus national, plus chrétien.

Du plus au moins, de ce que nous aurions à ce qu'on veut nous faire accepter, que chacun soit juge.

Nous ne finirons pas sans dire, — et beaucoup d'hommes compétents et dégagés de toute influence diront avec nous — que l'église bien orientée trouvait au couchant un terrain plus solide et surtout mieux appuyé, vu son éloignement des dépressions subites qui entourent, par trois côtés, l'emplacement si malencontreusement choisi.

La commission n'a donc pas été condamnée aux mesquines proportions et à la vicieuse orientation que nous déplorons, par le peu de solidité du sous-sol.

Si elle est inquiète, elle le doit à son obstiné parti-pris ; elle le doit à l'emploi exclusif des forces inertes; elle le doit au choix peu rationnel de l'emplacement.

C'est donc, — car il nous est maintenant permis de conclure,—

c'est donc par suite d'un déplorable parti-pris, c'est donc au profit d'une école qu'elle a ainsi fixé et l'emplacement et les proportions du futur édifice.

Nous l'avions dit, nous croyons l'avoir prouvé.

V. — LE CHOIX DU STYLE

Que le style choisi, [même avant le concours, par la commission qui a eu soin de lui en rendre le programme favorable, soit le moins approprié aux conditions de ressources et de situation, tout ce que nous avons déjà dit le prouve, et nous avons peu à ajouter au travail de comparaison auquel cette étude nous a plusieurs fois amenés.

Nous blâmons le choix fait par la commission :

I. — Parce que, en l'espèce, il a un vice originel : les conditions défavorables, inacceptables même, faites aux concurrents des autres styles.

II. — Parce qu'il ne donnera qu'un monument pauvre dans ses dimensions ; trop court pour sa largeur ; lourd d'aspect, au dedans comme au dehors ; sans perspective, sans effets de lumière, sombre même ; fait, à l'intérieur, pour répondre aux exigences du culte, de pièces mal rattachées, même en plan ; à l'extérieur, donnant un groupe de bâtiments, d'édifices même distincts, mal soudés, sans harmonie et d'une échelle forcément mesquine, pour vouloir être à l'échelle de l'homme, dans l'emploi de réminiscences du classique qui, on le sait, s'en inquiète si peu.

III. — Parce que l'adoption de ce style nécessite une accumulation de matériaux qui n'est pas sans péril, vu l'emplacement choisi, — l'inquiétude peu déguisée de la commission le prouve surabondamment.

IV. — Parce qu'ainsi et très-mal orienté, un édifice de ce style ; relativement bas, sera peu vu de loin et totalement invisible du pied des cent vingt marches d'accès.

V. — Parce que, vu de loin comme de près, un monument de ce style ne dira point sa vraie destination.

VI. — Parce que ce style favorise le séjour des eaux du ciel sur les édifices et en compromet la durée, dans nos pays exposés aux grandes et fréquentes pluies comme aux dangereuses morsures du gel.

VII. — Parce que ce style, plus encore que le roman, plus même que le pur classique, est contraire aux bonnes conditions d'acoustique qu'une église doit rechercher avant tout. Le travail qui vient d'être lu à l'académie de Besançon par Mgr Besson, évêque nommé de Nîmes, établit cette vérité. Mieux que tout autre, l'éminent académicien a le droit de produire, sur ce fait général, des affirmations ; son étude est le fruit de l'expérience, Mgr Besson étant une des plus grandes illustrations contemporaines de la chaire catholique.

VIII. — Parce que ce style n'a rien de national et que, malgré l'influence byzantine qui a tant pesé sur les architectes religieux, de longs siècles d'efforts, d'essais et de tentatives pour l'implanter chez nous, n'ont abouti qu'à un complet abandon.

Ouvrons une parenthèse et expliquons-nous.

L'influence des traditions romaines en lutte, pendant plusieurs siècles, avec les traditions byzantines n'a pu se les assimiler et a fini par les rejeter. Ce sont là deux principes que neuf siècles d'efforts n'ont pu parvenir à mélanger. On a vu même des architectes, à Pise par exemple, qui voulaient bien accepter la coupole, mais sans abandonner le plan romain. Que faire alors ? Oh ! littéralement, sciemment, une robe mal taillée. Ils juchèrent la coupole sur la croisée de leurs basiliques et couvrirent les nefs d'une charpente, superposant ainsi deux édifices de style disparate, comme s'ils se sentaient obligés à conserver la trace des influences contraires auxquelles ils obéissaient.

Les architectes de l'école romane arrivèrent cependant, après tant d'essais plus ou moins heureux, à poser des voûtes sur le plan de la basilique romaine. Le problème résolu, les plans se modifièrent peu néanmoins et restèrent presque entièrement romains ; mais le mode de voûter les églises amenait peu à peu les artistes, par des progrès rapides, à une évolution complète de l'art de bâtir.

La hardiesse s'accroît avec le succès obtenu, jusqu'au jour où les architectes, sachant enfin jeter leurs voûtes d'églises à des hauteurs surprenantes, n'éprouvent plus le besoin de superposer deux styles pour atteindre une élévation digne de la maison de Dieu.

Les cathédrales de Poitiers, du Mans, d'Angers, conservent, il est vrai, dans la manière de construire les grandes nefs, une dernière trace de la coupole, mais ce n'est plus la coupole ; l'influence byzantine est vaincue, son joug secoué ; un nouveau style est créé qui a pris des deux arts, si longtemps en lutte, ce qui convenait au génie national non moins qu'à l'idée chrétienne.

Nous venons de prononcer le mot : maison de Dieu. Désormais cette maison sera assez haute d'un seul jet, sans qu'il soit nécessaire de la jucher, sous la forme de dôme (*domus*) ou sous le nom de coupole, au-dessus de la croisée des basiliques.

C'était enfin logique : la maison, le dôme doit être un seul corps et l'on ne doit point la surélever, la chaperonner d'une autre. Que si, parfois, dans le style ogival, coupole il y a, elle ne veut pas le nom, pas plus qu'elle n'accepte la forme et moins encore l'ossature inerte, isolée, lourde et écrasante de la coupole byzantine. La croisée des grandes églises recevra une tour centrale dont les étages, visibles à l'intérieur, formeront comme une immense autant que riche lanterne, donnant de l'air, de la lumière, surtout de l'espace, — jamais de la lourdeur, — au centre de l'édifice, et de l'ampleur à l'ensemble.

Il nous semble entendre les architectes qui opérèrent cette heureuse innovation s'écrier, comme, de nos jours, M. de Quatremère de Quincy : « Nous ne pouvons nous empêcher de faire regarder la superposition des coupoles au centre des nefs d'une grande église et vues surtout du dehors, comme une superfétation et un pléonasme architectural. Dans le fait, si c'est de loin, et vues en dehors d'une ville, que ces masses pyramidales produisent d'agréables effets, on est contraint d'avouer que, vues de près, elles ne font naître d'autre idée que celle d'un édifice monté sur un autre, souvent sans rien qui les réunisse et surtout qui les nécessite. Ajoutons qu'à l'intérieur on ne saurait y voir qu'une duplicité de motif, de forme, d'ensemble et d'effet. »

Nous recommandons ce passage aux amateurs de coupoles.

On a dit que les coupoles byzantines auraient sur la butte, à une altitude assez grande, un jeu considérable et une solidité d'aspect que n'auraient pas les flèches d'un édifice ogival.

D'abord, pour avoir de l'aspect, il faut être en vue. Nous avons prouvé qu'orientée vers le sud, l'église future serait peu et très-difficilement vue.

Et puis, qui donc a parlé de flèches qui devraient pointer du sommet de Montmartre ? Est-ce que l'art ogival ne sait pas produire au loin cette solidité d'aspect sans essayer de pointer des flèches dans l'air ? De tous les édifices saillants de Paris, en est-il un, même le dôme des Invalides, — nous disons bien : le dôme des Invalides, — qui, de loin, ait la solidité d'aspect des tours de Notre-Dame ?

L'on a dit encore que le style ogival ne pourrait, vu l'exiguïté des ressources, soutenir par de simples lignes et sans sculpture le rôle décoratif auquel est destiné le futur édifice à cette altitude élevée. Dire cela, c'est méconnaître complétement les ressources du génie ogival ; c'est oublier que ce style a bâti de grandes églises fortifiées qui, par de simples lignes et des sculptures de la plus grande sobriété, soutiennent admirablement le rôle décoratif qu'elles comportent; parler ainsi, c'est, en un mot, exclure le style ogival par une sorte de procès de tendance.

Jusqu'ici l'injure de tels procès n'avait atteint que l'homme.

Pour légitimer ce malheureux choix de la commission, on a parlé de Sainte-Sophie, de Saint-Marc de Venise, et de Saint-Front de Périgueux.

Nous avions cru jusqu'ici qu'il y a une carte archéologique imposée par la nature, le soleil, la configuration des lieux, la latitude et même les matériaux, absolument comme il y a une carte agronomique que l'on ne saurait méconnaître sans péril.

Et croyez-vous que ce qui pouvait être beau à Constantinople, aurait les mêmes chances de l'être à Paris?

Savez-vous même si Sainte-Sophie a été réellement un bel édifice autant qu'un vaste et riche édifice?

Est-ce que mutilé, amoindri comme il l'a été par les Turcs, il peut être jugé avec équité?

Est-ce que, avec les grands souvenirs qui nous écrasent lorsque nous le visitons, il nous est possible de l'étudier avec toute l'indépendance de notre jugement?

Est-ce qu'il s'est trouvé un voyageur pour lui reconnaître, au dehors, cette solidité d'aspect dont on parle?

Nos aïeux l'ont vu dans toute sa splendeur, dans toute sa richesse, dans toute sa désinvolture impériale, si je puis ainsi dire, animé de toute la magnificence des rites de l'Orient, son influence a pesé des siècles sur leurs artistes. Qu'en est-il résulté, si ce n'est qu'en définitive ces derniers ont secoué cette influence?

C'est donc qu'ils ont jugé ce principe de bâtir contraire à nos besoins, à notre génie national, à notre climat, à notre art qui voulait se donner un caractère propre et tout à fait sien.

Car enfin, si les adversaires du style ogival disent, non sans raison, qu'il n'y a pas de style essentiellement, dogmatiquement chrétien, nous leur renvoyons le propos et leur disons que, si les deux styles sont également chrétiens, mieux vaut le nôtre, celui que nos pères ont créé, tout en rejetant l'autre, et s'affranchissant de ses traditions. Mieux vaut celui qui a surgi de notre sol et dont l'épanouissement a couvert la patrie française de monuments aussi rationnels dans leur plan que fermes et audacieux dans leur ossature, aussi solides qu'élancés, et toujours mesurant leur richesse aux ressources des divers pays et des personnages qui les ont construits.

Nous irons plus loin, nous dirons même que Sainte-Sophie pouvait être bâtie pour autre chose que le culte catholique, tandis que le style ogival est né de l'idée chrétienne. Plus que cela, il est l'affirmation matérielle et artistique de l'influence épiscopale en France. Outre qu'il est chrétien, il est donc éminemment national, car « ce sont les évêques qui ont fait la France ».

Et d'ailleurs, c'est en parlant de Sainte-Sophie que vous nous déclarez incapables de bâtir une belle église ogivale avec sept millions !

Mais vous ne savez donc pas cette parole qui est devenue axiomatique : Que n'auraient pas fait les architectes du xiii° siècle avec ce qu'a coûté Saint-Pierre du Vatican !

Ajoutons : Et avec ce qu'a coûté Sainte-Sophie !

Et vous donc, avez-vous, pour oser rêver, sur la butte de Montmartre, d'un édifice semblable à celui de Justinien, avez-vous, comme lui, les dépouilles de l'art antique et les riches épaves des temples païens ?

Diane d'Éphèse a-t-elle encore des colonnes à vous donner ?

Irez-vous, après Justinien, remuer les ruines de Palmyre pour y puiser les incomparables piliers du temple du Soleil ? Irez-vous prendre au milieu de ces étonnants débris quelques-unes de ces quatre cent soixante-quatre colonnes, dont les fûts seuls ont 15 mètres 50 de hauteur ?

Une centaine des colonnes du grand portique couvert de Palmyre, — et il y en avait quatorze cent cinquante ! — sont encore debout. Comptez-vous, avec vos sept millions, aller les prendre et venir les dresser sur la butte de Montmartre ?

Pensez-vous trouver sous les débris accumulés de Pergame quelques urnes de porphyre oubliées par Justinien ?

Thèbes, la grande, a-t-elle gardé pour vous quelques blocs de vert antique ?

Délos, Athènes, Rome pourront-elles vous donner quelques restes oubliés de leur ancienne splendeur ?

Peut-être comptez-vous, comme Justinien, sur le jaspe du Caucase, sur les blocs fantastiques de granit d'Égypte, et sur les incomparables marbres de Sienne ?

Et où trouverez-vous les chapiteaux à feuillage de lapis, les mosaïques de pierres fines, les peintures sur fond d'or, les neuf portes de bronze à bas-reliefs dorés du sanctuaire, les dalles de vert antique tacheté de brun, et les métaux précieux de la basilique de Justinien? Et qui donc coulera une autre fois pour vous ce fabuleux maître-autel d'une fusion de perles, de diamants, de fer, d'argent, de platine et d'or?

Vous n'avez, vous n'aurez que sept millions!

Pauvres gens!

Et vous parlez de Sainte-Sophie?

Pour un peu vous compteriez même, toujours comme Justinien, sur les puissantes ailes des séraphins pour cintrer vos arcs et vous donner le temps d'étayer, sans péril, vos massives coupoles?

Vous ne faites point de tels rêves, n'est-ce pas? Eh bien! ne nous parlez donc plus de Sainte-Sophie.

Avec vos sept millions, — êtes-vous bien sûr de les avoir, si vous vous obstinez à méconnaître les désirs des catholiques? — avec vos sept millions, l'édifice que vous projetez serait à la basilique de Justinien ce qu'est le sujet d'une pendule de zinc à la statue de bronze de saint Pierre ou au Moïse du Vatican.

Soyez donc plus modestes, plus raisonnables; surtout, devenez plus équitables envers l'art ogival qui seul peut, avec vos sept millions, faire quelque chose de noble, de grand, non pas un dôme, une maison juchée sur quatre piliers comme les maisons des lacustres, mais une digne maison de Dieu avec tour centrale parfaitement soudée, unifiée avec le reste de la basilique. Et quand nous parlons de maison de Dieu, nous disons une seule, pas cinq, par exemple, et moins encore toute cette nichée de petits dômes qui font la ronde autour des cinq.

Et, puisque nous en étions, il n'y a qu'un instant, à Sainte-Sophie, permettez-moi de vous rappeler que Justinien — et il avait plus de sept millions — sut borner ses désirs à un seul dôme. En cela, il était logique: Dieu est un, un seul dôme, une seule maison lui convient.

Et Saint-Marc de Venise?

Ici encore tout rêve serait insensé.

On ne voit pas trace de pierre à Saint-Marc, pas plus à l'extérieur qu'à l'intérieur. Ce ne sont partout que marbres, mosaïques et dorures.

Et vous n'avez, vous n'aurez que sept millions!

Et d'ailleurs, vous ne craignez pas que le style de Saint-Marc, transplanté des plates lagunes de Venise sur la butte élevée de Montmartre, ne soit par trop exotique?

Saint-Marc a inspiré Saint-Front de Périgueux dont vous voulez nous imposer un pastiche. L'influence de Saint-Front a produit, pendant le moyen âge, nous le reconnaissons, quelques édifices de second ordre. Encore faut-il reconnaître que ces édifices rappellent ce style plus qu'ils ne l'imitent. C'est au point qu'il est resté à peu près seul; « car, dit M. Violet-le-Duc, les imitateurs en évitèrent les vices de construction. »

Saint-Front est resté, même au moyen âge, une sorte de curiosité. Mieux vaudrait lui laisser ce rôle et ne pas en faire un type à suivre, moins encore nous en servir une variation sur la butte de Montmartre.

Quelques mots sur le clocher et la nef de Saint-Front :

Les Vénitiens firent plus d'une fois pénétrer dans l'ouest les imitations qu'ils avaient eux-mêmes recueillies en Orient. Le clocher de Saint-Front est une construction élevée sous cette influence étrangère; « il accuse, dit le *Dictionnaire raisonné* de M. Violet-le-Duc, la plus grande inexpérience de ce genre de construction. »

Ce sont deux étages superposés, le second en porte-à-faux sur le plus bas, de façon que ses parements intérieurs surplombent ceux de celui-ci, et que les piliers d'angles pèsent en partie — et toujours en porte-à-faux — sur les voussoirs des petits arcs inférieurs et les sollicitent à pousser les pieds droits en dehors.

Les linteaux cintrés des arcades supérieures ont naturellement cassé sous la charge du tambour et de la coupole. « Ce dont on peut s'émerveiller, dit encore le *Dictionnaire raisonné*, c'est qu'une pareille tour ait pu se maintenir debout. » Peu après sa construction, les jours ont dû en être murés au moins partiellement. « Ne s'en tenant pas à cette première disposition vicieuse (des étages), les architectes de ce clocher couronnèrent l'étage supérieur d'une voûte hémisphérique surmontée, toujours en porte-à-faux, d'un chapeau à peu près conique, porté sur un rang de colonnes isolées, prises à des monuments romains et toutes de hauteur et de diamètres différents. »

C'est donc plus qu'une curiosité; c'est presque du bric-à-brac.

Le bric-à-brac se restaure, mais ne se copie pas. Nous comprenons que M. Abadie se soit passionné pour un édifice qu'il a été chargé de restaurer. Nous dirons même que cette restauration lui fait le plus grand honneur. Mais quant à subir un pastiche de ce monument, nous nous y refusons certes et de toutes nos forces.

Eh quoi! c'est ce quillage de colonnes que l'on a voulu imiter six fois à Montmartre? C'est de ce bonnet conique que M. Abadie voudrait coiffer les vingt-huit dômes ou diminutifs de dômes de son projet ?

Il en a mis partout !

Il les a superposés même !

Les cinq dômes de l'église sont surmontés chacun d'un quillage et chaque quillage est coiffé de ce bonnet conique.

O Parisiens de Montmartre, quand vous sentirez se remuer en vous le démon, le serpent de l'émeute, non moins fortunés que les Hébreux qui pouvaient apercevoir le serpent d'airain, regardez ces bonnets si pleins de ressemblance avec le bonnet de coton !

« C'est le symbole de l'ordre civique, » nous disait un jour notre poëte Reboul.

Oui, regardez-en la figure lorsque le diable de la Révolte vous tentera, et vous serez sauvés de ses perfides conseils.

« Quant à l'église de Saint-Front, elle a été élevée assurément sous la direction d'un Français qui avait étudié Saint-Marc, ou sur les dessins d'un architecte vénitien, par des ouvriers gallo-romains; car si l'architecture du monument est vénitienne ou quasi-orientale, la construction et les détails de son ornementation appartiennent à la décadence romaine, et ne rappellent en aucune façon le mode de bâtir appliqué à Saint-Marc de Venise..... C'est une importation étrangère à tout ce qui avait été élevé, à cette époque, sur le sol occidental des Gaules, depuis l'invasion des Barbares. Le plan reproduit non-seulement la forme, mais aussi la dimension de celui de Saint-Marc, à peu de différence près..... Les coupoles, au nombre de cinq, égales en diamètre et en élévation, à base circulaire, sont établies sur pendentifs; mais ces pendentifs ne sont pas appareillés comme il convient. Les lits des assises sont horizontaux au lieu d'être normaux à leur courbe génératrice. Ce sont de vrais encorbellements qui ne se soutiennent que par l'adhérence des mortiers et par leur forme sphéroïde..... »

« Il est évident que l'architecte a imité la forme d'une construction étrangère *sans se rendre compte de son principe.* »

Régulièrement les pendentifs devraient être appareillés en coupe suivant la diagonale, c'est-à-dire présenter des rangs de claveaux dont les lits seraient normaux à la courbe cherchée, avec crossettes à la queue.

« Les constructeurs de Saint-Front n'ont pas si bien fait ; ils ont simplement posé les assises des pendentifs en encorbellement, et si les rangs de pierre n'ont pas basculé, grâce à la courbure des pendentifs, ils n'en ont pas moins écrasé la pointe du triangle et ont fini par se détacher, tout d'une pièce, des arcs-doubleaux. »

Ainsi parle, çà et là, de Saint-Front, à quelques expressions près, le *Dictionnaire raisonné* de M. Violet-le-Duc.

Inspiré et copié, en plan et en dimension, de Saint-Marc de Venise, il n'en est qu'une pauvre imitation, un pastiche que nos aïeux se sont bien gardés de reproduire. Ils en ont peut-être subi quelque temps l'influence, mais sans l'imiter et en « évitant ses défauts de construction. » En définitive, ils l'ont laissé au rang des curiosités, lui et tout ce qu'ils savaient de l'art byzantin.

Et quand nous disons : *tout ce qu'ils savaient*, cela ne signifie pas qu'ils n'eussent, de cet art, que des connaissances incomplètes. Ils le savaient à fond, — l'architecte de Saint-Front est celui qui en possédait le moins les principes, — et c'est parce qu'ils le savaient à fond, qu'ils l'ont jugé peu applicable sur notre sol et peu conforme au génie national.

Avant nous, ils ont jugé Saint-Front, si carrément byzantin, une curiosité.

Et ce qui le prouve, c'est qu'ils avaient assurément la notion de l'art byzantin appliqué à un édifice religieux complet et sans mélange.

En voulez-vous un témoignage? Laissons la parole à M. Violet-le-Duc, à propos d'un chapiteau trouvé à Nevers par Mérimée :

« Dans l'ancienne église Saint-Sauveur de Nevers, écroulée en 1839, existait un curieux chapiteau du commencement du xiie siècle sur lequel était sculptée une église. Cette église est complétement byzantine : coupole au centre, portée sur pendentifs que le sculpteur a eu soin d'indiquer naïvement par les arcs-doubleaux apparaissant à l'extérieur, à la hauteur des combles; transsept terminé par des absides semi-circulaires, construction de maçonnerie qui rappelle les appareils ornés des églises grecques; absence de contreforts, si apparents à cette époque dans les églises françaises; couvertures qui n'ont rien d'occidental; clocher cylindrique planté à côté de la nef, sans liaison avec elle, conformément aux usages de l'Orient, mais contrairement à ceux de nos contrées..... rien n'y manque : *C'est là un édifice tout autant byzantin que Saint-Marc de Venise*, qui n'a de byzantin que ses coupoles à pendentifs et son narthex, et qui, comme plan, rappelle une seule église orientale détruite aujourd'hui, celle des Saints-Apôtres. Or, à Nevers, au xiie siècle, voici un sculpteur qui, sur un chapiteau, figure une église que l'on croirait être un petit modèle venu d'Orient. — Ceci prouve qu'à cette époque, au milieu de contrées où les monuments religieux construits n'ont presque rien qui rappelle l'architecture byzantine, ni comme plan, ni comme détail d'ornementation, *on savait cependant ce qu'était une église byzantine.* »

Oui, l'on savait ce qu'était une église byzantine, et l'on en reléguait l'image comme mémoire sur un chapiteau, absolument comme on le fait d'un archaïsme, disons le mot, d'une curiosité archéologique.

Ayons, à l'égal de nos pères, le goût de ce qui convient à notre pays, à notre climat, à nos ressources, à notre topographie, à notre soleil, à nos moyens matériels, en un mot, au génie national.

Et maintenant, fermant cette longue parenthèse, nous dirons en terminant : Nous blâmons et rejetons le style choisi par la commission.

IX. — Parce que ce style n'est pas, comme le style du xiii° siècle, à l'échelle de l'homme.

Rien dans les ordres antiques, grecs ou romains, ni dans les édifices dérivés de l'art antique ne rappelle une échelle unique; et cependant il y a pour les monuments une échelle immuable, rigoureuse, c'est l'*homme*.

Rien dans les monuments antiques ou dérivés de l'antique ne rappelle l'homme; rien n'y est fait à sa mesure et par conséquent ni est fait pour lui.

L'art grec est *un*, et, dit M. Violet-le-Duc, il commande plutôt qu'il n'obéit; il commande aux matériaux et aux hommes; c'est le *fatum* antique.

L'art occidental du xiii° siècle se soumet à la loi chrétienne qui, reconnaissant la souveraine puissance et l'infinie grandeur de Dieu, laisse néanmoins à l'homme son libre arbitre et tient compte de lui dans ses œuvres les plus grandes, parce que si tout, dans la création, a été fait pour l'homme, l'art est aussi fait pour lui, comme moyen de glorifier le Dieu qui fit tout pour son bonheur. L'art chrétien fait tout à la mesure de l'homme, parce qu'il n'oublie pas que l'homme a été fait à l'image de Dieu.

On l'a dit avec raison : l'ordre dorique du Parthénon est l'ordre dorique du temple de Thésée vu à travers un verre grossissant. Au contraire, l'homme vu derrière la balustade du sommet de nos cathédrales ogivales y garde toute sa hauteur.

Placez-le près du bénitier de Saint-Pierre du Vatican, il est rapetissé par la taille exagérée de l'ange qui soutient ce bénitier. Dans la plus vaste église ogivale, ce bénitier sera à la mesure de l'homme et cependant il ne paraîtra point plus petit que celui de

Saint-Pierre. Pourquoi cela? Parce que tout, dans l'église ogivale, grande ou petite, est à l'échelle de l'homme.

Aussi les monuments du moyen âge paraissent-ils plus grands qu'ils ne le sont réellement : parce que, même en l'absence de l'homme, l'*échelle* humaine y est rappelée partout ; parce que l'œil y est continuellement forcé de comparer les dimensions de l'ensemble avec le module humain.

Il n'en est pas ainsi des monuments antiques ou de leurs imitations. On ne se rend compte de leurs grandes dimensions qu'en plaçant près d'une de leurs parties, un homme comme terme de comparaison. Alors le monument qui paraissait normal à l'homme prend toute sa valeur et fait de lui un pygmée.

Est-ce le monument qui est trop grand ?

Est-ce l'homme qui est trop petit ?

Mais l'homme est une œuvre parfaite :

L'homme est l'œuvre de Dieu !

Tout dans la nature est à sa mesure, c'est-à-dire à sa portée. L'art antique et ses dérivés ont seuls rompu avec les traditions divines.

Sous les hautes voûtes de Notre-Dame, l'homme garde sa taille, et sa voix a toute sa puissance.

Sous la coupole de Saint-Pierre l'homme se sent écrasé, diminué, et sa voix se perd dans le vide.

On reconnaît un homme parcourant les galeries extérieures de Notre-Dame.

Au sommet de l'Arc de l'Étoile, l'homme peut être pris pour un pauvre et chétif insecte.

Et cependant Notre-Dame manque-t-elle d'ampleur et de fermeté d'aspect ?

Les conséquences logiques du principe chrétien auquel obéit le style ogival ne consistent point seulement dans la grandeur et la majesté de l'ensemble malgré la soumission des détails à l'échelle humaine. Grâce à ce principe issu des idées chrétiennes, les formes mêmes de l'architecture ne se soumettent pas seulement à l'homme, mais encore aux moyens dont l'homme dispose suivant les circonstances et les lieux, c'est-à-dire que ces formes se soumettent même aux matériaux. L'art ogival les emploie, dans chaque pays, tels que la nature les fournit. Si les matériaux sont petits, les membres de l'architecture prennent une médiocre importance ; s'ils sont grands, les profils, les ornements sont plus larges ; sont-ils fins et d'un travail facile, l'architecte fouille sa décoration ; tiennent-ils bien l'arrête, il donne plus de valeur à ses profils ; sont-ils grossiers et durs, il simplifie son œuvre. « Tout, dans l'architecture ogivale, dit le *Dictionnaire raisonné*, prend sa place et conserve sa qualité ; chaque homme et chaque objet comptent pour ce qu'ils sont, de même que, dans la création, chaque chose a son rôle tracé par la main divine. »

« Un des caractères frappants de l'architecture religieuse inaugurée à la fin du xii° siècle, dit encore le même auteur, c'est de pouvoir se prêter à toutes les exigences, de permettre l'emploi de l'ornementation la plus riche et la plus chargée qui ait jamais été appliquée aux édifices, ou *des formes les plus simples et des procédés les plus économiques.... Avant tout, la cathédrale*, disait l'évêque d'alors, — *l'église du Vœu*, dirons-nous, — *doit être spacieuse, splendide, éclatante de verrières, décorée de sculptures ; les ressources sont modiques, n'importe ! Il faut satisfaire à ce besoin religieux dont l'importance est supérieure à toute autre considération.* »

Ainsi nous dirons au comité en nous appropriant ce langage des évêques du xiii° siècle.

En résumé, nous repoussons le projet Abadie parce qu'il n'appartient pas à l'art chrétien, national, dont nous venons de parler et de dire la souplesse et les merveilleuses ressources, après avoir motivé notre refus du style choisi par la commission.

Oui, nous le repoussons votre projet, parce qu'il ne peut *satisfaire à ce besoin religieux* qui s'affirme dans toute la France catholique, et *dont l'importance est supérieure à toute autre considération.*

VI. — LE PROJET ABADIE

Notre article du 10 juin dernier (*Semaine religieuse de Nîmes*, xi° année, n° 17), devenu le chapitre premier de cette étude, était une appréciation générale, une sorte de vue cavalière du projet de M. Abadie. Dans notre pensée, notre intervention devait s'arrêter là.

Les procédés peu courtois dont il a été fait usage vis-à-vis de nous et de ceux qui ont cru devoir dire tout haut ce que chacun pensait tout bas, nous ont seuls déterminé à parler encore et à motiver, par cette étude, nos premières appréciations, afin qu'il ne fût plus permis à personne de dire ou de croire que, du fond de la province, nous emboîtions le pas à une intrigue. Les procédés que nous relevons accuseraient plutôt l'intrigue là où ils se sont produits.

Le cours régulier, logique, de notre travail nous amène enfin à un examen du projet Abadie.

Nous l'avons déjà dit — et en ce moment nous éprouvons plus particulièrement le besoin de le répéter — nous n'avons suivi aucune impulsion, obéi à aucune influence, et nous n'avons d'autre intérêt à combattre le projet de M. Abadie que l'intérêt de l'art chrétien en général et tout particulièrement celui de la grande œuvre du Vœu national. L'examen auquel nous allons nous livrer sera aussi froid et aussi mesuré qu'impartial et inflexible.

Nous laissons d'abord au passif du projet qui nous occupe ce que nous en avons dit indirectement à propos du choix du style et au cours de cette étude.

Examinons l'intérieur en plan et comme aspect.

I. — En plan. — L'honorable rapporteur du jury a dit que le plan Abadie « est très-beau et fortement écrit. »

Nous avouons qu'à première vue il a quelque chose de séduisant. Mais dès qu'on se prend à l'examiner, à le regarder seulement, on lui trouve des défauts et des incorrections, inévitables conséquences du choix de ce style.

M. Abadie a voulu, on le voit et d'autres l'ont dit pour lui, faire une croix grecque. Il croit peut-être l'avoir faite. Nous sommes au regret de déclarer que cette croix n'en est pas une et que, dans tous les cas, elle serait latine et non pas grecque.

Je dis qu'elle serait latine ; car le croisillon inférieur est plus long que les autres de toute une travée, petite mais réelle, celle où sont les bénitiers. C'est là une travée, puisqu'il suffirait d'ouvrir les deux murs des bénitiers placés entre piliers, pour avoir libre accès dans les deux collatéraux, ce qui d'ailleurs serait plus régulier, plus rationnel.

M. Abadie n'a donc pas fait une croix grecque, si croix il y a, mais une croix latine.

Je dis de plus que cette croix est très-incorrecte, car elle a les trois croisillons supérieurs trop courts ; ces derniers n'ont en longueur que la moitié au plus de leur largeur. On n'a jamais fait, que nous sachions, des croix sur une pareille donnée.

La tête même, ou mieux le croisillon supérieur est d'ailleurs écourté par une dizaine de marches d'accès vers le sanctuaire, ce qui le réduit à deux sixièmes environ de la longueur des deux autres. Plus que cela, il est même défiguré par les deux escaliers d'angles qui descendent, en écoinçons, à la crypte.

Il faut donc une fort bonne volonté et beaucoup de complaisance pour trouver là une croix grecque ou une croix quelconque.

Mais ce n'est pas tout, la coupole se montre, ici comme partout, avec sa tyrannie habituelle. Elle n'est pas faite pour l'édifice, c'est l'édifice qui est fait pour elle. Dans le grand carré qu'elle commande et dont elle occupe en diamètre le demi-côté, le chœur ni même le sanctuaire n'ont pu trouver place. Or, pour loger le chœur, confondu ici avec le sanctuaire comme dans les églises de second ordre, il a fallu en faire une sorte d'accessoire et le souder tant bien que mal, plutôt mal que bien, avec le reste de l'édifice, disons mieux, avec l'édifice majeur réservé au public.

Le plan est donc coupé en deux parts indépendantes, c'est-à-dire mal reliées. On peut supposer un mur latitudinal à la suite des deux gros piliers, au droit de l'allée venant des sacristies, et l'édifice carré sera complet.

Je dis plus : alors seulement il sera rationnel.

Mais, ajouterez-vous, il sera insuffisant.

Oui certes, et cet aveu condamne l'ensemble du plan.

Mais alors, pourquoi ne pas faire l'édifice barlong d'un seul jet ?

Eh ! je le sais bien, la coupole est là, la coupole qui n'admet pas de transaction.

Sans doute Sainte-Sophie donne une grande nef barlongue inscrite dans un plan carré. Mais M. Abadie s'est bien gardé, et nous l'en louons, d'imiter en cela Justinien ou l'ange qui vint, au dire de la légende, donner le moyen cherché.

A Sainte-Sophie, la grande coupole est, longitudinalement, flanquée de deux demi-coupoles. Cela pouvait être stupéfiant de hardiesse, cela pouvait même être rendu supportable à l'œil, à force de richesse dans les matériaux et dans l'ornementation ; mais assurément cela ne pouvait être beau.

Laissons la légende de l'ange et reconnaissons ce qui est vrai, à savoir que cette manière de rendre la grande nef barlongue ne pouvait prévaloir qu'à une époque à la fois de décadence de l'art antique et de naissance d'un autre art qui cherchait son assiette, sa manière, qui même, grâce à la richesse — nous ne disons que richesse — de son prototype, a pu exercer longtemps une véritable séduction, une sérieuse influence même, mais dont le bon sens de nos artistes de l'Occident a fini par faire justice.

Et remarquez, ami lecteur, que, loin d'attaquer M. Abadie, je le justifie. Etant donné ce style, il ne pouvait mieux faire.

Mais, puisqu'il adoptait le style de son cher Saint-Front, pourquoi ne pas en suivre le plan ?

Il ne le pouvait pas. Le principe de la coupole est le cercle ; ce principe est inflexible comme le module de l'art antique.

Bien orienté, son édifice pouvait se plier au plan de Saint-Front, grâce aux 160 mètres qu'il pouvait lui donner.

Mais étant donnée une coupole centrale de 20 à 25 mètres de diamètre, il était impossible à M. Abadie de la flanquer de quatre autres coupoles pour former la croix : il n'avait que 50 mètres de largeur pour l'édifice total !

Et voilà pourquoi M. Abadie, qui voulait cependant cinq coupoles et ne pouvait les avoir égales, en diamètre, à la centrale, les a placées en diagonale, c'est-à-dire dans les angles extérieurs des croisillons.

A l'intérieur, cela nous laisse indifférent ; à l'extérieur, c'est autre chose ; nous le dirons plus loin.

Si nous poussons nos investigations jusqu'au point où commencent les stalles, là encore se trahit l'embarras de l'architecte. Il ne pouvait et ne devait, nous le reconnaissons, donner plus d'étendue à sa tour placée en flèche de l'abside. Mais il restait encore à court de son plan. L'arc de l'abside étant, lui aussi, inflexible, M. Abadie n'a pu mieux faire que de le surélever par la tangente au moyen d'un remplissage qui, s'il a l'avantage d'allonger le sanctuaire-chœur, a l'inconvénient de fournir entre les chapelles absidales et les petites coupoles un espace sans raison d'être.

Encore une fois, l'architecte n'a point de tort en ceci ; une fois adopté, ce style aux règles inflexibles, il ne pouvait mieux faire dans les conditions données.

Et dire que ces conditions avaient été faites par la commission en vue de favoriser les architectes de cette école !

Quoi qu'il en soit, il reste vrai que ce plan manque d'unité et qu'il est fait de plusieurs morceaux mal ajustés. Nous sommes de plus obligé de dire que ce sanctuaire surélevé et fermé jusqu'à une certaine hauteur raccourcit l'édifice et en rend la perspective à peu près nulle, surtout avec l'emploi d'un style qui en donne déjà si peu.

Il a de plus l'inconvénient d'isoler la galerie qui l'entoure et de la soustraire à la surveillance : — les architectes songent peu à la question de police dans l'église. — Cette galerie sera, comme en beaucoup d'édifices du siècle dernier, bâtis en néo-grec, un lieu de promenade et de dissipation. Que si les processions la parcourent, elles échapperont un moment — ce qui est un tort — à la vue des fidèles placés dans le reste de l'édifice.

II. — Comme aspect, comme vue d'intérieur, nous n'avons pour juger le projet Abadie que le dessin donné dans la *France illustrée* (n° du 19 juin 1875) et la coupe longitudinale insérée dans l'Album du concours.

C'est dire que nous allons juger l'intérieur du projet Abadie sur les données mêmes de l'auteur.

— Ce n'est pas beau.... c'est lourd.... c'est grotesque.... etc. ; — voilà ce qu'en ont dit les personnes qui ont vu la gravure de la *France illustrée*.

Taisons notre première impression et, comme nous y invite cette vue perspective de l'intérieur, plaçons-nous sous la voûte de la travée qui précède la coupole.

On ne saurait nier que le dessinateur a tout fait pour donner de la valeur au projet ; peut-être même un premier dessin lui en a-t-il été communiqué.

Eh bien ! malgré les efforts de contraste exagérés au premier plan, malgré les jeux d'ombre ménagés aux dépens peut-être du vrai, — nous ne disons que peut-être, — malgré les grands effets de lumière affectés dans le voisinage de la coupole aux dépens du vrai, — cette fois nous supprimons le peut-être, — l'aspect général de cet intérieur est lourd, massif, court, en toutes ses parties ; sombre surtout, dans la région du chœur dont l'effet est celui d'un sanctuaire de troisième ordre. Et quant à la coupole, elle fait sur cet ensemble une vraie tache d'encre.

Petit sur le plan, ce sanctuaire-chœur a, dans cette vue générale, encore moins de valeur. Les dix marches d'accès lui ôtent toute perspective, et les deux cages d'escalier de la crypte en complètent le rétrécissement.

La voûte de cet espace que nous avons dit sans raison d'être et que l'auteur du projet a mis en remplissage entre le carré commandé par la coupole et l'abside proprement dite, cette voûte, dis-je, est fort mal rattachée à la demi-sphère de la calotte ; elle semble en être la continuation en berceau, sans solution de continuité, sans saillie aucune telle qu'un arc doubleau, par exemple, partant de fond ou sur encorbellement.

Quant au jeu réservé aux arcs qui supportent ce berceau et la calotte, nous sommes bien forcé de le déclarer des moins réussis, et nous trouvons déplorablement lourd l'effet produit par les piliers de ces arcs. Ces piliers sont légers de face, mais le mouvement circulaire de tout le système leur restitue toute leur profondeur, qui est énorme à l'œil, bien que nécessaire, nous le reconnaissons, pour le poids qu'ils ont à supporter.

Sans doute, le dessin que nous avons sous les yeux éclaire le tout avec une extrême complaisance; nous n'avons garde de nous laisser prendre à ces finesses, à ces habiletés du crayon. Pour peu qu'on ait dessiné, l'on devine la préoccupation de l'auteur; cette préoccupation est un aveu. Quiconque s'excuse, s'accuse; et nous défions bien qui que ce soit de justifier, d'expliquer la lumière jetée entre le ciborium et les piliers qui pourtournent le chœur.

Si nous revenons à l'entrée de ce chœur, nos yeux sont encore affligés par une balustrade en fer du plus malheureux effet. Nous voulons parler de cette balustrade qui rétrécit le chœur, et qui des deux côtés descend en rampe à la crypte. Outre que cette balustrade n'allége rien, c'est du marbre qu'il fallait ici.

Nous en dirons autant des appuis en fer de la sombre galerie qui surmonte les pendentifs de la coupole. C'est encore du marbre qu'il fallait entre ces piliers. Mais alors, m'objecterez-vous, les piliers, déjà si courts. perdront toute hauteur. J'en conviens, mais quand on engage le bras dans l'engrenage tout le corps doit y passer. Vous avez voulu ce style, subissez-en toutes les exigences.

Et que dire de cette galerie elle-même si sombre, si lourde, aux piliers si courts et si ragots?

Que si nous élevons encore les regards, l'effet de cette circonférence de fenêtres ou hautes baies nous afflige bien plus par la lourdeur de ses archivoltes à triple rang de claveaux. Quelle masse !

Et ces colonnes sur corbeaux, qui nous en dira le pourquoi, si ce n'est le besoin de supporter le retrait extérieur du tambour de la coupole, retrait que l'œil demande et exige, à l'extérieur, mais aux dépens du coup d'œil intérieur?

Et ce porte-à-faux des seconds voussoirs et de leurs jambages sur les arcs de la galerie, qui donc les justifiera? C'est à cela que vous amène votre amour pour Saint-Front?

Mais revenons aux nefs. Supposons que, du point où le dessinateur a placé deux ecclésiastiques, l'un en costume de ville et l'autre en rochet, s'ébranle une procession se dirigeant vers la galerie qui entoure le chœur. Qu'en verrons-nous, du point où nous sommes, c'est-à-dire du point de l'église *le mieux choisi?*

Et, cependant, on a vanté la facilité que ce projet donnerait aux processions. En plan, cela peut sembler vrai et séduire quelque peu; mais, de grâce ! approchez et dites nous ce qu'est devenue cette procession qui est partie du côté droit du transsept et s'est engagée dans la galerie circulaire. La voyez-vous? Peut-être les croix des bannières ou les panaches du dais pointent-ils au-dessus des boiseries du chœur. Mais quel effet produit cette procession, pour le coup d'œil comme pour l'édification? Quand elle se montrera au côté gauche du transsept, elle aura déjà parcouru près des deux tiers de l'édifice.

Et toujours de cette même place, dites-nous, si vous le pouvez, ce que sont les petites coupoles? Les voyez-vous? Pouvez-vous nous en dire l'effet ou même la forme? Pouvez-vous même nous dire sur quoi elles reposent?

C'est le sort habituel des coupoles : on ne les voit qu'en se plaçant dessous et se tordant le cou, tant sont massives les constructions destinées à les porter, tant elles prêtent peu à l'œil et à ce fuyant qui fait si bien valoir les grands édifices du moyen-âge.

L'effet perspectif est ici nul, et nul à tous égards.

Et pensez-vous que l'alternance de votre appareil brun et blanc n'est pas outrée? Vous êtes-vous bien rendu compte de cette loi de l'alternance poussée à l'excès? Vous n'avez donc pas remarqué la monotonie que cela donne à votre édifice déjà si lourd et si massif? Avez-vous oublié que toute bande horizontale raccourcit, pour l'œil, les champs verticaux?

Parce qu'à Marseille le regrettable Espérandieu a abusé de cette alternance dans ses appareils, sous un ciel pourtant plein d'éclat, sous les rayons d'un soleil presque oriental, pensez-vous obtenir mieux que lui sous les brumes du nord de la France?

Nos pères ont admis cette alternance de l'appareil, mais avec une sage sobriété. Elle faisait partie de leur système d'ornementation, mais pas toute leur ornementation. Voyez à Vézelay! Voyez aussi à Saint-Gilles (Gard) ! Nous avons là de splendides ruines romanes. Sous bien des aspects on les prendrait pour des restes de l'antique. L'architecte de cette abbatiale a admis l'alternance de l'appareil, mais si sobrement que sur de vastes ruines nous n'en voyons trace qu'à l'oculus de la célèbre vis. Il s'est bien gardé d'employer ce genre d'appareil à l'horizontale; il ne l'a admis qu'aux claveaux de cet oculus. Et quels claveaux! Ils sont d'une grande hauteur qui, jointe à un fort évasement, élargit l'ouverture relativement petite et lui donne une grande valeur en même temps qu'elle charme l'œil du spectateur par ce large rayonnement.

C'est la seule application de cette alternance sur tout ce qui reste de l'ancienne et si vaste église. Le portail, le plus bel échantillon, sans contredit, du roman de la grande école, est tout en pierre blanche et marbre.

Nous ne dirons rien des vitraux. Nous ne pouvons que regretter la privation systématique des grandes verrières que de généreux donateurs auraient placées aux jours de l'église du Vœu. Que de belles pages perdues! Que de richesses artistiques méprisées! On ne se résigne pas à voir bâtir, en France et aux plus beaux jours de la rénovation de l'art chrétien, une église de premier ordre éclairée de verres blancs.

Voilà cependant à quoi aboutit le choix malencontreux d'un pareil style.

Quant aux peintures, quel rôle leur est assigné, ainsi reléguées dans les parties hautes et sombres de l'édifice, et encadrées d'une maçonnerie froidement enrubanée de blanc et de gris?

Avant de sortir, un mot de cet édicule que nous apercevons au fond du sanctuaire. Serait-ce le trône archiépiscopal? Si oui, c'est là de l'archéologie à outrance et un peu à côté. Le cathédral n'occupe cette place que dans les basiliques romaines; or, l'église de M. Abadie n'a du plan romain que cette place d'un meuble, qui est inutile ici.

Ce meuble est à Notre-Dame et y est fort bien.

M'objecterez-vous Sainte-Sophie? Mais Sainte-Sophie était la Notre-Dame, la cathédrale de Byzance.

Et d'ailleurs, à qui donc réservez-vous les deux stalles surmontées d'un dais, que nous remarquons à l'entrée du chœur, celle surtout du côté de l'Evangile? Quel autre que l'archevêque osera les occuper?

Bornons là cette remarque. Nous avons voulu, non pas traiter un point liturgique, — ce n'est pas ici le lieu — mais montrer une fois de plus que le comité a eu tort d'exclure les ecclésiastiques de la commission du concours.

Si maintenant nous voulions parcourir la coupe longitudinale donnée par l'Album du concours, nous trouverions, à chaque pas, la confirmation de tout ce que nous venons de dire. Nous verrions surtout qu'à chaque soudure des divers fragments du plan, les incorrections que nous avons relevées sont frappantes et font un pitoyable effet.

Nous signalons surtout la coupe de l'espace-profilage entre le carré commandé par la coupole et la corde de l'axe du sanctuaire-chœur.

Nous déplorons enfin le peu d'harmonie des trois baies inégales percées dans les par-bouts du transsept et au-dessus des autels latéraux. Les méplats triangulaires laissés, à droite et à gauche, sont du plus pauvre aspect. Le style ogival, le roman même, auraient eu là une galerie ou une série d'arcatures, ajourées ou non, et supportées par des colonnes, pendant qu'une belle rosace aurait suivi la parallèle des formerets.

III. — Nous maintenons d'abord, pour l'extérieur, tout ce que nous en avons déjà dit au premier chapitre et à propos du choix du style. Mais ce n'est pas tout.

Plaçons-nous en face du monument. Voyez-vous là une église? Est-ce là un édifice religieux? Je n'y trouve pas même une croix franchement accusée, une croix proprement dite; car il ne faut pas trop considérer comme une croix, l'antéfixe qui surmonte la niche de la statue placée au pignon, — la statue du Sacré-Cœur sans doute. Cette croix, aux croisillons bandés de quatre arcs, se voit particulièrement, employée au moyen-âge, à l'ornementation d'une antéfixe. A titre de croix surmontant ici une façade, elle n'est pas assez franche d'allure; comme antéfixe, elle est un non-sens. Qu'on ne nous objecte pas certaines croix du roman, celle de l'église du Breuil, par exemple, xi° siècle. La façon dont elle est posée au ras du parement nous dit qu'elle fut primitivement une antéfixe ou qu'elle en tenait lieu en tête des faîtières.

Sans doute, cette croix formant antéfixe pourrait, à tout prendre, suffire à une église romane, c'est-à-dire à un édifice dont l'ossature, l'ensemble et les détails diraient aux yeux : voici une église. Mais ici rien ne rappelle l'église. Cet édifice, par sa forme générale, peut inscrire sur son attique telle enseigne que l'on voudra. De grâce! surmontez-la au moins d'une croix, d'une véritable croix.

Sera-ce le porche qui nous dira que c'est là un temple catholique? Il ferait meilleur emploi, convenez-en, à l'entrée d'une gare.

Sera-ce la vue des deux statues équestres juchées au-dessus de ce porche qui nous dira : c'est ici le parvis du lieu saint?

Constantin et Charlemagne gardent l'entrée de la basilique vaticane; mais l'entrée intérieure. On ne les a pas étalés sur l'attique.

Ils sont là, vraies sentinelles.

Ce sont les deux plus hautes personnalités royales de l'Orient et de l'Occident chrétiens, montant la garde à la porte de Saint-Pierre. Leur place est là et pas ailleurs.

Ils forment garde d'honneur; ils gardent, l'épée au poing, et non pas l'œil au guet. Saint Pierre les veut pour sentinelles et non pas pour guetteurs.

Et d'ailleurs, le guet ne se fait pas à cheval.

On peut admirer des chefs-d'œuvre de l'art antique où qu'ils se trouvent, sur la galerie de Saint-Marc ou sur l'arc du Carrousel. L'esthétique ne s'en offense pas, c'est pour elle un pur accident.

Mais si vous coulez exprès pour elle des statues équestres et que vous les juchiez sur une maison quelconque, fût-ce la maison de Dieu, elle vous tourne le dos.

Vous l'avez méconnue.

En résumé, bien malheureux est l'aspect de cette façade du sud; — la façade d'entrée cependant! — par sa forme et par la pauvreté des motifs :

Une triple fenêtre à triples et profondes voussures, flanquée de deux tours d'escaliers de la structure la plus fantaisiste, et ces tours elles-mêmes coiffées, comme leurs sœurs, du fameux bonnet civique; c'est très-bourgeois !

Entre ces deux bonnets, un pignon rompu par la niche du Sacré-Cœur ;

Et le tout alourdi et suralourdi par ce porche massif et plat qui, aux yeux du spectateur placé au sommet des rampes d'accès, va nécessairement couper horizontalement cette façade déjà si pauvre, et faire de ses trois malheureuses baies, en les écourtant, de simples lucarnes d'entre-sol.

Et voilà pourtant la façade d'entrée !

Je me trompe, il y a des lions de bronze sur les flancs des trois escaliers du porche. Mais que nous sommes loin des traditions de l'iconographie chrétienne ! Combien ces lions rappellent peu l'*inter leones* des siècles chrétiens ! Ils sont d'ailleurs dans une position critique. Ils semblent crier à M. Abadie :

Accourez, Seigneur! nous... glissons !

M. Abadie s'est bien gardé de nous donner une élévation et moins encore une vue perspective de cette façade d'entrée.

Il a fait sagement. Plus sage encore il s'est montré en s'abstenant de donner une vue du chevet.

Mais il nous est facile, par l'étude du plan géométral, de nous rendre un compte assez exact de l'aspect que nous promet ce chevet.

Plaçons-nous derrière la base de la tour ou clocher. — Est-ce une tour? est-ce un clocher? — A une quinzaine de mètres seulement de la base et sur l'axe longitudinal de l'édifice, nous ne verrons que les angles extrêmes du transsept. Placés à 40 mètres, nous apercevrons à peine le milieu des petites coupoles. Jugez de l'effet : cette masse carrée de la tour au premier plan, bien qu'à 40 mètres ! de chaque côté, trois malheureuses absidioles prises en écharpe et, déjà dans un demi-lointain ; deux moitiés des coupoles émergeant fastueusement bien au-dessus des terrasses que flanquent les absidioles. Et c'est tout ce qu'on voit du chevet, à 40 mètres !

Quant à apercevoir la grande coupole, il n'y faut pas songer. Le prolongement des lignes latérales de la tour passe au centre des pendentifs. C'est donc à une fort grande distance, et jamais sur l'axe, qu'il faudrait se placer.

Tout ce qu'il nous est donné de voir, à 50 mètres, c'est cette masse carrée de la tour qui fait saillie de toute sa profondeur, et qui s'élève lourdement et sans autre mouvement, jusqu'aux deux tiers de sa hauteur, que deux systèmes de piliers d'étai grimpant les uns sur les autres, comme fort soucieux d'empêcher le sommet de s'ouvrir et d'ensevelir sous ses débris les pauvres absidioles, humblement assises à ses pieds.

Le plan géométral semblait promettre un rôle séduisant à ces chapelles absidales. Hélas ! au dehors, ce sont comme autant de taupinières, chétives boursouflures adossées, en tas, au mur circulaire de la plate terrasse qui pourtourne le chœur.

Un mur circulaire percé de trois petites baies rendues plus petites à l'œil par la forte arcature qui les enserre, et ce mur surmonté d'un demi-cône fort peu élevé, voilà de quoi se compose chacune de ces absidioles.

Que le ciel nous préserve de voir se réaliser un tel ramassis d'incorrections et de constructions mal assorties !

Oui, pour l'honneur de l'art, pour l'honneur du goût français jusqu'ici à peu près intact et habitué à faire loi, daigne le ciel nous sauver d'un tel attentat aux traditions françaises et chrétiennes !

M. Abadie s'est également abstenu, et pour cause, de donner l'élévation de l'une des faces latérales. Comment donner une élévation de l'une des faces, fût-ce, nous l'avons dit, de celle du sud, quand il s'agit d'un édifice fait de plusieurs bâtiments distincts, de nombreux édicules mal agencés, discordants, et qui tous pourraient être impunément détachés de l'ensemble ?

Vous pouvez, en effet, supprimer de fond les quatre petites coupoles et leurs bases. Vous aurez isolément quatre édicules rappelant assez les boîtes de l'élixir des chartreux. Il restera une sorte de croix grecque, raccornie, incorrecte et qui, pour rester croix, sollicitera au plus vite le rejet du chœur, des terrasses et absidioles qui l'entourent, et finalement de la tour.

Vous pouvez aussi détacher d'un seul coup tout ce qui n'appartient pas au grand carré commandé par la coupole, et vous aurez un édifice qui acceptera toutes les destinations, sauf peut-être celle qui en a fait concevoir l'idée. Tel que, cependant, il pourrait faire une église, si l'on plaçait l'autel sous la grande coupole.

Elle serait petite certes, mais nous la préférerions à celle qu'on nous offre, tant le chœur et ses dépendances se marient mal avec cette sorte de rotonde inscrite dans un carré, tant au dehors comme au dedans, tant cela crie au divorce et réalise une vraie Babel.

Prenez même l'une des petites coupoles avec sa base carrée, détachez-la des deux bras de la croix, — elle tient par deux tourelles engagées dans une encoche ! — vous aurez, nous venons de le dire, un édicule bizarre, fantaisiste dans ses détails, mais complet.

Tout ceci me ramène, bien malgré moi, à ce que je disais dans mon étude d'ensemble du 19 juin : Ce dessin ferait les délices d'un artiste en édifices de sucre. Un fabricant de jeux d'échecs pourrait aussi trouver en cet édicule un nouveau modèle de tour.

Ce que nous voudrions bien voir, c'est l'effet, à vol d'oiseau, de tous ces reliefs si discordants. Où donc passeront les eaux pluviales de la grande coupole, aux quatre coins obstrués par les petites? C'est à tombereaux qu'il faudrait bientôt recueillir les feuilles mortes apportées par le vent, les amas de poussière, les immondices et les détritus de toutes sortes, accumulés dans ces abîmes laissés à chacun de ces coins.

Nous venons de parler des eaux pluviales ; a-t-on réfléchi à l'immense surface que donnerait en développement l'ensemble des surfaces courbes de tous ces reliefs ?

Que M. Abadie veuille bien nous donner le plan coté de son projet, et nous sommes assuré d'effrayer nos lecteurs par le chiffre de cette prodigieuse surface que nous nous empresserons de calculer.

A-t-on prévu les ravages du gel, les moisissures et les végétations parasites qui vont s'acharner sur ces masses de pierres, et qui seront d'autant plus actives dans leurs ravages incessants, qu'elles fouilleront des joints récents, qu'elles suceront les pores de pierres encore imprégnées de leur eau de carrière? Et c'est dans le nord de la France que vous avez projeté de telles hardiesses, d'aussi enfantines imprudences?

Nous vous avons parlé de la carte archéologique imposée par la nature ; comptez-vous pouvoir vous en moquer impunément? Ne l'espérez pas.

L'Orient accepte la coupole et la terrasse ; les régions brumeuses du nord-ouest de l'Europe veulent des toitures rampantes. Elles rejettent les couvertures de pierres, et n'osent opposer au gel et à l'humidité que l'ardoise et la brique émaillée, ou, faute de mieux, la terre cuite toute nue, malgré ses imperfections.

Bornons là l'examen de ce malencontreux projet. Pour ce qui tient à l'auteur lui-même, qu'on nous permette, en finissant, de regretter un si étrange usage d'un talent que nous ne voulons pas contester.

M. Abadie s'est trompé, s'il a cru pouvoir faire quelque chose de neuf ; il s'est complétement fourvoyé en cherchant ses inspirations dans un style exotique, mort-né dès son apparition aux premiers siècles de notre ère, malgré l'influence que son prototype a longtemps exercée, par la richesse de ses matériaux et le prestige de la légende qui accompagne son histoire.

M. Abadie, restaurateur justement loué de Saint-Front de Périgueux, a eu tort de se passionner pour ce monument, qui est déjà un pastiche, au point de vouloir nous en servir une sorte de renouveau.

M. Abadie, s'il a, pour dédaigner le style ogival, suivi l'influence de ses collègues de l'Institut, trop amateurs du paganisme dans l'art, a eu tort, nous n'hésitons pas à le dire ; car, au lieu de servir l'art et l'Église, il a :

Fait prendre, au profit d'une école que les catholiques répudient, une direction malheureuse au concours du Vœu national ; ôté au style national et chrétien une belle occasion d'affirmer sa glorieuse rénovation, par la construction d'une église qui doit être essentiellement *nationale et chrétienne.*

Affligé les catholiques de tous rangs qui étaient si loin de s'attendre à un résultat du concours, aussi déplorable, aussi tristement dérisoire. Nous serions tenté de considérer comme une protestation contre ce résultat, le magnifique éloge du style ogival fait au récent congrès de Reims par une voix bien autorisée. Nous avons déjà constaté le silence de la presse catholique à l'occasion de ce résultat du concours. Nous prendrions volontiers, pour un aveu de la légitimité de l'affliction des catholiques, le soin qu'on a pris d'étouffer leurs protestations.

Quoi qu'il en soit, et comme conséquence de tout ce que nous avons dit sur cette question du *concours,* du *parti-pris de la commission,* de l'*orientation,* du *choix exclusif du style* et du *projet adopté,* nous croyons devoir, avec la masse des catholiques si amèrement déçus dans leurs légitimes espérances, demander que la question soit reprise et que NN. SS. les archevêques et évêques soient consultés sur le choix du style qui convient à ce monument national.

Dieu suscita au moyen-âge des artistes du premier ordre et du plus grand désintéressement pour édifier les magnifiques basiliques qui font une des gloires les plus pures et les plus ineffaçables de la patrie française. Nous avons lieu d'espérer qu'il en sera de même pour l'église du Sacré-Cœur, et que nous n'aurons pas à demander à un concours en forme et avec primes, le chef-d'œuvre que les catholiques attendent. Un nouveau concours ne produirait pas, nous le sentons bien, de meilleurs résultats, à Paris, sous l'influence de l'École des Beaux-Arts :

Nous savons d'ailleurs que, depuis le triste concours de 1874, plusieurs archéologues chrétiens ont préparé des plans admirables pour le jour où la question sera reprise, et qu'ils n'attendent que la nomination d'une commission d'ecclésiastiques compétents, assistés, si besoin est, de laïques compétents aussi, pour remettre gratuitement à cette commission le fruit de leur travail.

Nous savons aussi que des artistes de premier ordre prêteront, de grand cœur, leur talent afin d'assurer une belle et bonne exécution à cette œuvre de la plus haute importance.

Il suffirait donc de nommer une commission présentant les garanties réclamées par les souscripteurs.

Le clergé de Paris est renommé, à juste titre, pour sa science et son goût, réglé d'ailleurs et inspiré par les richesses artistiques qu'il a chaque jour sous les yeux. Messieurs les curés de Paris ne pourraient-ils pas être appelés à former cette commission générale qui pourrait du reste s'adjoindre les ecclésiastiques et laïques du dehors, dont le concours lui paraîtrait utile?

Cette commission se chargerait, sous les auspices de S. Eminence Mgr Guibert, de consulter NN. SS. les archevêques et évêques de France sur le choix du style.

Puis une sous-commission de douze ou quinze membres serait chargée du choix du projet qu'elle justifierait auprès de la commission générale, par un rapport sérieusement motivé.

La sous-commission aurait de plus la direction artistique de l'œuvre.

Une commission ainsi nommée et assistée obtiendrait, n'en doutons pas, l'approbation générale. Les dons viendraient en abondance de tous les points de la France, désormais représentée auprès du comité, par l'avis de ses évêques; et nous verrions s'élever une des plus belles églises du monde.

Si l'on veut sortir de l'impasse où cette question a été jetée, si l'on veut raviver la souscription qui, il faut bien en convenir, se traîne à cause du désenchantement général, nous croyons indispensable d'entrer dans cette voie que nous nous permettons humblement de proposer au comité.

Vouloir résister plus longtemps au désir manifeste des catholiques qui ont osé élever la voix, et aux vœux tacites mais vrais de ceux qui se sont résignés au silence, c'est se condamner à voir démolir plus tard ce qui aura été commencé. Ainsi en advint-il jadis à Rome pour l'église Saint-Pierre. On sait qu'elle avait été commencée sur les plans trop mesquins de San-Gallo; un nouveau pape vint qui fit raser ses constructions pour suivre les inspirations de Michel-Ange.

Qu'on ne nous parle pas de droits acquis; les primes sont là pour acquitter la dette, si dette il y a. Quant à l'avenir, assez d'artistes sont prêts à considérer l'honneur d'attacher leur nom à un monument sans précédent, comme une prime suffisante, la plus enviable et la plus riche.

Qu'on ne nous objecte pas les travaux déjà faits. Tout le monde sait qu'à Paris les travaux importants ne sont payés qu'à la mesure et que l'on peut toujours changer son architecte ou son entrepreneur, après règlement des travaux déjà faits. Du reste, en l'espèce, les travaux faits ne lient point irrévocablement — tant s'en faut, — le comité au projet si malheureusement adopté par la commission. Ils sont à peu près nuls.

Et, si l'on nous parlait d'engagement d'honneur pris avec M. Abadie, nous nous permettrions de faire observer que ces sortes d'engagements ne sont pas tels qu'ils obligent à continuer une faute quand l'opinion publique, bien que très-contenue autant par le respect que par les mesures prises pour empêcher sa manifestation, a formellement signalé cette faute et lui a opposé ses légitimes désirs.

L'opinion a été amèrement déçue, elle est même découragée, elle veut mieux que ce que vous lui proposez. Elle tient la main ouverte prête à verser de riches offrandes, si vous répondez à son désir de faire grand et beau.

Et n'auriez-vous que les sept à huit millions dont il a été parlé, n'oubliez pas que, mieux que tout autre style, l'art national du xiiiᵉ siècle sait faire beaucoup de peu.

Les catholiques anglais de Londres viennent de projeter une cathédrale de huit millions. Nous affirmerions, sans craindre le moindre démenti, que cette cathédrale sera ogivale.

Ce que les Anglais feront à Londres avec huit millions, nous pouvons, bien mieux qu'eux, le faire à Paris, où le prix de revient des matériaux et la main-d'œuvre sont certes moins chers.

Et d'ailleurs, sans rêver une huitième merveille, l'avenir, et un avenir glorieux, est au projet qui apparaîtra aux catholiques comme digne, à tous égards, de la grandeur de leur promesse et de la majesté du Dieu auquel le temple promis doit servir de demeure.

L'abbé CARLE,
Directeur de la *Semaine religieuse* de Nîmes.

Dernières observations du Comité d'archéologues et de souscripteurs.

Jusqu'à ce jour, 2 novembre 1875, aucun travail sérieux n'a été entrepris aux fondations de l'église du Sacré-Cœur, et, dans cette saison, il n'est guère possible d'exécuter des travaux de cette importance. On a donc bien tout le temps nécessaire pour examiner de nouveau cette grave question, posée et résolue en partie par les études si concluantes qui précèdent.

Autre question importante : pour extraire sur la butte de Montmartre 78,000 mètres cubes de terre, les transporter à une grande distance, construire un épais mur d'encaissement, puis remplir ces énormes fondations en maçonnerie, il faut que les souscripteurs sachent bien que les hommes expérimentés en cette matière affirment que tout l'argent, reçu jusqu'à ce jour, ne suffira pas pour solder de pareilles fondations. On ne peut donc, pour le bon plaisir de M. Abadie et de ses amis, laisser engloutir bien inutilement plus de deux millions; aussi, pour ne pas prendre sur lui seul une pareille responsabilité, M. Abadie s'est-il empressé de faire déclarer par plusieurs ingénieurs que la sécurité de son malencontreux projet avait besoin de telles fondations !

M. Abadie, en faisant restaurer les églises de Bordeaux, de Périgueux et d'Angoulême, n'est-il pas tombé dans des dépenses exagérées, et les hommes de l'art ne lui ont-ils pas reproché d'avoir remanié le style primitif de ces monuments?

Le mois dernier, la remarquable basilique de Saint-Denis a été rendue au culte, après une restauration des mieux entendues. Pendant la neuvaine des saints martyrs, un nombre prodigieux de pèlerins sont allés vénérer les saintes reliques, et admirer la belle restauration de cette antique basilique. Bien des personnes disaient: comment ne prend-on pas modèle sur le style de ce monument pour l'église du Sacré-Cœur? Mais ce qui a le plus frappé, ce sont les réflexions faites par plusieurs hommes haut placés; on ne comprend pas, disaient-ils, pourquoi les souscripteurs catholiques, alors qu'ils sont parfaitement libres, ne font pas élever l'église du Sacré-Cœur dans le style gothique ou ogival, tandis que, de toutes les parties de la province, on réclame contre la plupart des projets présentés par les partisans des styles païens!

Non, un tel abandon de nos traditions religieuses et nationales ne peut avoir lieu par des hommes qui devraient être les premiers à favoriser le style chrétien. — Non, il n'est pas possible qu'un aussi funeste exemple soit donné, car il aurait pour conséquence inévitable d'encourager l'opposition qui se rencontre encore trop souvent, dans plusieurs diocèses, contre MM. les curés désirant faire élever une église dans notre style national et chrétien par excellence.

Nous terminons par cet extrait du *Dictionnaire raisonné de l'Architecture*, de M. Viollet-le-Duc, Ier volume, page III :

« Ce qui constitue les nationalités, c'est le lien qui unit étroitement les différentes périodes de leur existence; il faut plaindre les peuples qui renient leur passé, car il n'y a pas d'avenir pour eux! »

L. J. H.

Paris. — Typ. PILLET fils aîné, 5, rue des Grands-Augustins